Paul Sauerstein

Über Lydgates Aesopübersetzung

Paul Sauerstein

Über Lydgates Aesopübersetzung

ISBN/EAN: 9783744615372

Hergestellt in Europa, USA, Kanada, Australien, Japan

Cover: Foto ©ninafisch / pixelio.de

Weitere Bücher finden Sie auf **www.hansebooks.com**

ÜBER

LYDGATE'S ÆSOPÜBERSETZUNG.

———

INAUGURAL-DISSERTATION

ZUR ERLANGUNG

DER PHILOSOPHISCHEN DOCTORWÜRDE

AN DER

UNIVERSITÄT LEIPZIG

VORGELEGT

VON

PAUL SAUERSTEIN

AUS BORNA.

———

HALLE A. S.

DRUCK VON EHRHARDT KARRAS.

1885.

MEINEM LIEBEN VATER.

Im ms. Harl. 2251 des Britischen Museums befindet sich von fol. 283^b ab ein gedicht in englischer sprache, welches den auf den rand geschriebenen titel 'Isopos Fabules' trägt und das sich auch im texte eine übersetzung des 'poyet laureat Isopos' nennt. Es ist dies eine altenglische moralisierende übertragung einer anzahl sogenannter äsopischer fabeln von John Lydgate, die bisher noch nicht veröffentlicht und überhaupt noch wenig bekannt war.

So gering auch der umfang dieser dichtung ist, so ist dieselbe doch von bedeutung, weil sie die früheste uns erhaltene, allerdings unvollständige übersetzung der unter Aesop's namen gehenden lateinischen fabelsammlung in englischer sprache repräsentiert.

Den ausgangspunkt der fabelsammlungen, welche Aesop als ihren ursprünglichen verfasser anführen, bildete das fabelwerk des Phädrus oder vielmehr eine von Romulus verfasste prosaauflösung desselben. Dieses prosawerk des Romulus war nun im mittelalter ausserordentlich verbreitet; während es aber in anderen litteraturen schon frühzeitig übersetzungen hervorrief, haben wir in England erst durch Lydgate den anfang einer solchen. Es ist überhaupt eine sonderbare erscheinung, dass die tierfabel und die tiersage in England bis zum 15. jahrhundert so wenig verbreitet gewesen ist, dass gerade zu einer zeit, wo sie in Frankreich, Holland und Deutschland ganz besonders blühte, sie in England keine rechte aufnahme gefunden hat. Häufiger sind in englischen handschriften der zeit lateinische tierfabeln in prosa und versen, welche den einfluss des französischen tierepos z. t. deutlich verraten.

Liegt in dem unten gegebenen texte auch die älteste uns erhaltene englische Aesopübersetzung vor, so lassen doch eine anzahl zeugnisse auf das vorhandensein einer solchen in früherer zeit schliessen. Diese jetzt verloren gegangene und trotz der

1

eifrigsten nachforschungen noch nicht wieder aufgefundene bearbeitung äsopischer fabeln geht in den litteraturgeschichten
unter dem namen Alfred's. Es ist über die existenz oder nicht-
existenz derselben schon viel gestritten worden, so dass die
frage nur kurz berührt werden soll. Das hauptsächlichste
zeugnis für das vorhandensein einer früheren englischen Aesop-
übertragung bietet das französische fabelwerk der Marie de
France, welche in der conclusio desselben behauptet, die englische version als direkte vorlage gehabt zu haben; sie sagt dort:

> Li rois Henris (Affrus) qui moult l'ama
> Le translata puis en Engleiz
> E jeo l'ai rimé en Françeiz
> Si cum gel' truvai premierement.

Trotzdem aber hat man die existenz der englischen fassung
geleugnet. Le Grand d'Aussy z. b. hält die berufung Marie's
auf eine englische quelle für eine art litterarischer charlatanerie,
wie sie im 12. und 13. jahrhundert stark im gebrauch gewesen
sei. Wenn nun auch ohne zweifel auf die quellenangaben
mittelalterlicher schriftsteller im allgemeinen recht wenig zu
geben ist, so möchte ich hier doch der angabe Marie's glauben schenken. Ausser von ihr wird nämlich jene englische
version noch bezeugt vom sogenannten 'erweiterten Romulus'
(s. unten) und durch andere fabelsammlungen, welche sich jedoch auf das ebengenannte werk gründen. Im prologe wird
dort gesagt: Deinde rex anglice Affrus in anglicam linguam
eum transferri precepit. Es würde auch dieses zeugnis nicht
von belang sein, wenn Marie de France vielleicht den erweiterten Romulus als quelle benutzt hätte oder umgekehrt; beide
werke stehen aber erwiesenermassen ganz selbstständig neben-
einander, ohne dass eines durch das andere beeinflusst wäre,
und es ist doch nicht anzunehmen, dass zwei werke, von denen
das eine das andere nicht benutzt hat, eine und dieselbe quelle
fingiert hätten. Ich bin daher der ansicht, dass eine englische
übersetzung äsopischer fabeln vor mitte des 12. jahrhunderts[1]
existiert hat, welche für Marie de France und jene lateinische
version die gemeinschaftliche vorlage gebildet hat. Weitere

---

[1] Da die englische version des königs Affrus der französischen der
Marie de France vorgelegen hat, und Marie, wie Warnke in einem auf-
satze in Gröber's zeitschrift IV nachweist, in die mitte und zweite hälfte
des 12. jahrhunderts zu setzen ist, so muss sie mindestens vor mitte des
12. jahrhunderts entstanden sein.

beweise giebt Roquefort in der einleitung zu der ausgabe der
'Poésies de Marie de France' II, s. 26 ff., welche allerdings
nur wenig stichhaltig sind.
Was den verfasser des englischen werkes angeht, so werden demselben die verschiedensten namen beigelegt. In einigen
handschriften der Marie de France heisst er Alvrez und Alurez,
welches im Altfranzösischen die korrekte form für 'Alfred' ist.
Am häufigsten kommt der name Affrus vor, ausserdem noch
Amez, Anvert, Mires, Henris u. s. w. Roquefort, l. l., sucht
nachzuweisen, dass nicht könig Alfred der verfasser sein könne,
sondern dass könig Heinrich I., mit dem beinamen 'Beau-Clerc',
welcher von 1100 bis 1135 regierte, als solcher anzusehen sei;
auch andere haben Heinrich I. als urheber der englischen
Aesopübersetzung beibehalten, so z. b. Chabaille in der 'Biographie de Marie de France'[1], Hervieux, Gaston Paris u. a.
Man braucht es mit den in den handschriften angeführten
namen überhaupt nicht so genau zu nehmen, denn schon das
schwanken in der bezeichnung spricht genügend dafür, dass
man schon in früher zeit den verfasser nicht mehr kannte.
Wie auch die 'Proverbs of King Alfred', trotzdem jeder ab-
schnitt mit der versicherung beginnt: 'Thus quad Alfred', sicher
nicht Alfred angehören, so wird auch die fabelsammlung von
einem unbekannten dichter ins Englische übersetzt und später
dem könig Alfred, welcher als freund und förderer der litteratur
allgemein bekannt war, zugeschrieben worden sein.
Erhalten sind vor Lydgate in englischer sprache nur wenige
tierfabeln, und zwar sind diese wenigen meist in andere werke
religiösen oder politischen inhalts eingestreut. Als früheste spur
ist eine fabel zu nennen, die in den Old English Homilies ed.
by Morris s. 50 abgedruckt ist und vielleicht noch dem 12. jahrhundert angehört. Sie findet sich eingelegt in die fünfte der
dort abgedruckten homilien, einen sonderbaren discurs über
den propheten Jeremias. Es ist die fabel vom 'jungen krebs
und seiner mutter', und zwar ist sie dem Avian entnommen,
dessen dritte fabel sie bildet.
Als hervorragendsten beweis für die kenntnis der tierfabel
in England in früherer zeit ist die allgemein bekannte fabel

---

[1] Biographie de Marie de France in 'Nouvelle Biographie générale,
publ. par Firmin Didot frères.

4

vom fuchs und wolf anzuführen. Sie ist abgedruckt in den
Reliquiae Antiquae II, 272, woraus sie Wright nochmals unverändert für die Percy Society 1843, vol. VIII abdrucken liess,
und in Mätzner's Altengl. Sprachproben I, 131. Der verfasser,
ein dem südosten angehöriger klerk, hat seinen stoff aus einer
branche des 'Roman de Renart' entlehnt, deren grundlage schon
in den aus dem klassischen altertum unter dem namen Aesop's
überlieferten fabeln erscheint, nur dass hier der bock an stelle
des wolfes getreten ist. In ebenso einfacher, klarer und fein
motivierender als übermütiger und schalkhafter darstellungsweise
erzählt die dichtung, wie der fuchs, nachdem er sich auf dem
hühnerhofe vergeblich nach beute umgesehen hat, vom durste
gepeinigt an einen ziehbrunnen kommt, in welchen er durch
eigene unvorsichtigkeit hineinfällt; er befreit sich jedoch durch
eine list, welche den wolf an seine stelle bringt. Was das
alter dieses englischen gedichtes angeht, so wird es gewöhnlich in die regierungszeit Edward's I. gesetzt, doch wahrscheinlich ist es noch vor dem tode Heinrich's III. verfasst.[1] Zu
bemerken ist noch, dass, wie in der französischen vorlage, auch
in der englischen dichtung die charakteristischen namen für die
tiere auftreten. Die vorkommenden namen sind: Sir Chaunte-
cler v. 37, Sigrim v. 128 und Reneuard v. 133.

In einer sammlung lateinischer prosafabeln des dem 12. jahrhundert angehörigen englischen Cisterziensermönches Odo von
Cerinton finden sich tiernamen, die der tiersage entnommen sind,
wie Isengrinus, Reynardus, Teburgus i. e. catus und Berengarius
(ursus), was als weiterer beweis für die bekanntschaft Englands
mit der tiersage schon im 12. jahrhundert gelten kann. Eine
anzahl dieser lateinischen fabeln giebt Wright in den 'Latin
Stories'; vollständig ediert sind sie von Oesterley in Lemcke's
jahrbuch IX und XII unter dem titel: Narrationes des Odo de
Ceringtonia.

Die nächste der nachzuweisenden fabeln in englischer
sprache stammt aus dem anfang des 14. jahrhunderts; sie ist
eingestreut in ein politisches gedicht, welches Wright in den
Political Songs s. 195 als 'A Song on the Times' abgedruckt
hat. Das gedicht geisselt die sozialen missstände jener zeit
und klagt besonders über die parteilichkeit und bestechlich-

---

[1] Vgl. Mätzner, Altengl. Sprachproben I, 131.

keit der richter — 'of thos', führt es fort, 'a vorbisen ic herd
telle', worauf die fabel von dem löwen folgt, der über wolf,
fuchs und esel zu gericht sitzt und den unschuldigen esel für
die vergehen der schuldigen büssen lässt. Die quelle ist wahrscheinlich der 'Poenitentiarius sive Asinarius', eine lateinische
dichtung in distichen, welche von Flacius Illyricus 1557, dann
von J. Grimm im Reinhart Fuchs und endlich von Fr. Kritz
in einem erfurter programm vom jahre 1850 veröffentlicht
worden ist.

Als 'äsopische' bezeichnet sich selbst eine prosafabel in
Dan Michel's Azenbite of Inwyt[1], nämlich die vom 'hund und
esel' oder vom 'schmeichelnden esel'. Der zeit nach gehört sie
ins jahr 1340, in welchem Azenbite of Inwyt seiner eigenen
angabe nach verfasst wurde. Die fabel ist ziemlich verbreitet;
im Romulus findet sie sich I, 17, Marie de France bearbeitet
sie unter no. 16, Boner unter no. 20; endlich ist sie auch in
den Narrations des Odo von Cerinton und in den Gesta Romanorum zu finden.

Gleichfalls noch in die erste hälfte des 14. jahrhunderts
gehört ein gedicht, welches den 'fals fox' als schlauen und
verwegenen gänsedieb schildert. Es ist abgedruckt in den
Rel. Ant. I, 4.

Die früheste spur der tierfabel in schottischer sprache ist
bei Barbour zu finden, in dessen 1375 verfassten Robert Bruce
die fabel vom 'fuchs und fischer' eingelegt ist. Ein fischer bemerkt, als er nach hause kommt, in seiner stube einen fuchs,
welcher im begriff ist, einen soeben gestohlenen lachs zu ver-
zehren. Der fischer stellt sich mit einem schwert vor den
einzigen ausgang der stube, um den fuchs, wenn er heraus-
kommt, zu töten. Dieser weiss sich zu helfen; er zieht
den in der stube liegenden mantel des fischers in das feuer
des herdes, und, als der fischer nun herbeispringt, um seinen
mantel zu retten, entkommt er mit seinem lachs durch die tür
ins freie.

Die nächste fabel in englischer sprache wieder findet sich
im prolog zu 'Vision of Piers the Ploughman' des William
Langley, jedoch nur in der zweiten rezension, welche im jahre

---

[1] Dan Michel, Ayenbite of Inwyt, herausg. von Morris, Early English
Text Society 23.

6

1377 entstanden ist.[1] Abgedruckt ist die fabel auch in Mätzner's Sprachproben. Der verfasser lässt in der fabel seine politische unzufriedenheit merken, er wollte wahrscheinlich durch dieselbe vor dem neuen könig Richard II., der 1377 auf den tron gekommen war, warnen. Noch mehr aber als über den könig ist der verfasser über die grossen des reiches erbittert, und so wünschen in der fabel die mäuse (das volk), lieber unter der unmittelbaren gewalt einer katze (des königs) zu stehen, mit der allenfalls noch auszukommen sei, als unter der vieler herrischer ratten (des adels). Der stoff der fabel ist sehr alt und stammt aus Indien (siehe Benfey, Pantschatantra I, 605). Odo von Cerinton hat sie in seine 'Narrationes' aufgenommen, doch findet sie sich bei Langley in wesentlich erweiterter gestalt.

Ausserordentlich bekannt und in den verschiedenen litteraturen oft bearbeitet ist der stoff einer fabel in 'Barlaam und Josaphat', der altenglischen bearbeitung des bekannten legendenstoffes; dieselbe gehört noch dem 14. jahrhundert an. Die genannte fabel ist die von dem vogel, welcher einem bauer für seine freiheit drei wahrheiten lehrt, die derselbe aber nicht befolgt. In der englischen litteratur wurde der stoff wieder bearbeitet von Lydgate als 'The Chorle and the Bird'; ferner findet er sich in einer erzählung der 'Disciplina clericalis' des Petrus Alfonsus, in der französischen übersetzung derselben, in einem französischen lais, in den Gesta Romanorum u. s. w.

Nicht geringes verdienst um die verbreitung der tierfabel in England hat Chaucer, der in 'The Nonne Preestes Tale' seiner Canterbury Tales eine solche bearbeitet hat. Er erzählt dort die bekannte fabel vom fuchs und hahn, welche im erweiterten Romulus sich findet, wie nämlich der fuchs den mit geschlossenen augen singenden hahn erfasst und mit ihm nach dem walde läuft, ihn aber kurz darauf durch eine gegenlist des hahnes wieder verliert. Bei Chaucer erscheint die fabel in erweiterter gestalt. Er berichtet, wie eines tages der hahn mit seinen weibern betrübt auf einem baume sitzt; von seiner geliebten Pertilote nach der ursache seiner trauer befragt, erzählt er, dass er einen bösen traum gehabt, dass er im schlafe gesehen, wie ein tier, ähnlich dem hunde, ihm nach dem leben getrachtet habe. Pertilote ist über die furchtsamkeit des ehe-

---

[1] Skeat, Vision of Piers the Ploughman, text B. Oxford 1881.

herrn sehr erzürnt und will nichts mehr von ihm wissen. Der hahn dagegen führt nun mehrere beispiele an, um zu beweisen, dass träume wol zu beachten seien, er beruft sich auf den gelehrten Cato, auf Macrobius u. s. w. Endlich jedoch lässt er sich beruhigen und fliegt vom baume herab. Hierauf folgt nun die eigentliche fabel in der gestalt, wie sie der erweiterte Romulus hat. Im ursprünglichen Romulus findet sie sich nicht, wol aber unter den fabeln der Marie de France. Auch in der deutschen tierfabel hat sie eingang gefunden, und zwar zeigt sie sich hier auch in erweiterter gestalt. Wie im Reinhart Fuchs so geht auch im Roman de Renart, welcher die fabel in branche III (zählung nach Grimm, R. F.) erzählt, der unglück-verheissende traum voraus, doch mit dem unterschiede, dass derselbe hier von der geliebten gedeutet und der hahn vor dem fuchse gewarnt wird. Noch besonders wichtig ist die bearbeitung Chaucer's, weil hier wieder den tieren eigennamen beigelegt werden. Chaucer hat den hahn Chaunteclere, die henne Pertilote, den fuchs Dan Russel genannt.

In der bearbeitung des 'Roman de la Rose' hat Chaucer die namen für die tiere unterdrückt. Die stelle, wo Jean de Meung v. 11105 sagt:

> ne plus que dam Tibers li chas
> ne tent qu'a soris et a ras,

übersetzt Chaucer: 'for right no more than Gibbe our cat, that awaiteth mice and rattes to killen'; ferner an der stelle (v. 11160 ff.), wo im Französischen von Dan Belin und Sir Isangrin gesprochen wird, hat Chaucer nur wethir und woulfe.

Auch sonst hat Chaucer die tierfabel gekannt; an einigen stellen seiner Canterbury Tales spielt er darauf an, so z. b. in 'The Knightes Tale' v. 1179:

> We strive as did the houndes for the bone,
> They sought all day, and yet hir part was none:
> Ther came a kyte, while that they were so wrothe,
> And bare away the bone betwix hem bothe;

ferner in 'The Reves Tale' v. 4053:

> The gretest clerkes ben not the wisest men,
> As whilom to the wif thus spake the mare:
> Of all hir art ne count I not a tare,

eine anspielung auf die fabel in der branche XVII des Roman de Renart.

Eine grössere anzahl fabeln enthält die englische übersetzung der Gesta Romanorum[1], welche ende des 14. oder anfang des 15. jahrhunderts entstanden ist. Einige der fabeln der englischen version finden sich in der lateinischen vorlage nicht, sondern sind aus den 'Narrationes' des Odo von Cerinton genommen und übersetzt worden; auf der anderen seite aber sind auch fabeln der lateinischen fassung nicht mit ins Englische übergegangen, z. b. bauer und vogel, schmeichelnder esel, befreite schlange. In beiden fassungen z. b. sind enthalten: Androclus und der löwe, Romulus III, 1; wie die schlange die undankbarkeit eines mannes bestraft, Romulus II, 11, Marie de Franc 3. Nur in der englischen version sind enthalten:

1. A fable of a cat and a mouse, Odo von Cerinton.
2. The eagle and crow, Odo.
3. The wolf and the swine, Odo.
4. Fable of the ass and the swine, Odo.
5. Fable of the hen and her chickens, Odo.
6. Fable of the cat and the fox, Odo, Rom. (Ap. 20) u. s. w.
7. The burial of the wolf, Odo.
8. The ape and the nuts, Odo.
9. The wolf and the hare, Odo.
10. Vom kranken löwen, eingestreut in 'A moral lesson drawn from grammer', s. 416, als beispiel für den accusativ; Romulus (Ap. 32), deutsche tierfabel.

Während die tierfabel in Schottland eigentlich erst in der zweiten hälfte des 15. jahrhunderts durch eine bearbeitung Henryson's in aufnahme kam, — vorher ist nur noch das um 1450 von Sir John verfasste 'buch von der eule' anzuführen, das jedoch nicht die reine tierfabel repräsentiert, sondern auf gewisse politische ereignisse anspielt — fand sie in England eine geraume zeit früher in Lydgate einen fleissigen bearbeiter. Doch scheint auch er für die weiterentwicklung derselben nur von geringem einflusse geblieben zu sein, denn ausser den bereits genannten fabeln in der übersetzung der Gesta Romanorum ist bis gegen ende des 15. jahrhunderts keine weitere fabelbearbeitung anzuführen. Erst das verdienst Caxton's ist es,

---

[1] Gesta Romanorum, herausg. von Oesterley; die englische übersetzung ist ediert für die Early English Text Society, 1879.

durch seine übersetzungen und drucke der tierfabel und der
tiersage in England wirklich eingang verschafft zu haben.

Von den tierfabeln Lydgate's sind ausser den im folgenden
text gegebenen äsopischen noch zu nennen: 'The Fable of the
Hors, the Ghees, and the Sheep', 'The Chorle and the Bird',
'Tale of a Crow' und nach Ritson noch die fabel vom baumkönig. Die beiden zuerst genannten dichtungen waren im
15. jahrhundert schon sehr bekannt und erfreuten sich einer
grossen beliebtheit, denn abgesehen von den zahlreichen handschriften, in welchen sie überliefert sind, befinden sie sich auch
unter den dichtungen, welche von Caxton und Wynkyn de
Worde gedruckt wurden. Beide fabeln sind von neuem ediert
worden und zwar einmal für den Roxburgh Club (1822) und
dann von Halliwell in dem öfters genannten werk 'A selection
from the minor poems of Dan John Lydgate', London 1840,
für die Percy Society; doch giebt Halliwell von der fabel vom
pferd u. s. w. nur die moral, so dass diese fabel ganz unzugäng-
lich ist.[1]

Die 'Fable of the Hors, the Ghees, and the Sheep' oder,
wie sie in anderen handschriften genannt wird, 'Disputatio inter
equum, anserem et ovem' ist u. a. überliefert in den handschriften Harl. 2251, Lansd. 699, Lamb. 306, Rawl. Oxon. C. 86,
Bodl. Laud. 598, Bern. 1475. Sie trägt mehr den charakter
eines streitgedichtes, als den einer fabel, indem sich nämlich
das pferd, die gans und das schaf um ihre vorzüge streiten.
Sie besteht aus circa 800 versen in siebenzeiligen strophen
(Chaucerstrophe) und einer moral von 120 versen in acht-
zeiligen strophen, nach dem schema ababbcbc gebildet. Die
erste strophe der fabel lautet:

Contraversies, plees, and al discorde
Betwene persones bien yit of .II. or .III.
Sought oute the ground bi witnesse of recorde,
This was the custom of antiquité,
Juges were fette, that hadde auctorité,
The cause conceyved stondyng indifferent,
Betwene the parties to gyve a jugement.

---

[1] Die ausgaben des Roxburgh Clubs, die ausserdem oft blosse ab-
drücke der handschriften sind, sind selbst in England ausserordentlich
selten, da immer nur eine geringe anzahl von abzügen, meist nur für die
mitglieder des clubs, hergestellt werden. Die von Halliwell gegebene
moral ist zudem noch aus einer schlechten handschrift abgedruckt, es
fehlen z. b. ganze verse und strophen.

Das pferd, die gans und selbst das bescheidene schaf, welches durch den hammel vertreten wird, erscheinen vor den königlichen richtern, dem löwen und dem adler, um durch dieselben entscheiden zu lassen, wer von ihnen dem menschen am nützlichsten sei. Das pferd führt an, dass es im kriege unersetzlich sei, dass seine vorfahren im altertum schon herrliche taten verrichtet hätten, dass der landmann es jetzt zum pflügen, der kaufmann zum reisen brauche u. s. w. In gleicher weise rühmen die gans und das schaf ihre verdienste um die menschheit. In der moral spricht der dichter den gedanken aus, dass die natur die gaben verschieden verteilt habe, und dass deshalb der eine den andern nicht verachten solle. Im ms. Harl. 2251 wird in der überschrift zur moral dieses gedicht als eine übersetzung bezeichnet.

Die zweite zu erwähnende fabel, vom bauer und vogel, ist erhalten in den mss. Cotton. Calig. A II, Harl. 116, Lansd. 699 u. s. w. Lydgate nennt sich im gedicht nicht selbst als verfasser, doch schreibt es ihm Stephen Hawes in seinem 'Pastime of Plesure' zu. Es hat circa 400 verse, die ebenfalls zu siebenzeiligen strophen verbunden sind. Der stoff der fabel ist sehr alt und oft in den verschiedenen litteraturen bearbeitet worden, so z. b. in der 'Disciplina clericalis' des Petrus Alphonsus u. s. w.; Lydgate selbst bezeichnet sein gedicht als eine übersetzung aus dem Französischen, v. 33 ff. sagt er:

> And hyr y cast vnto my porpos
> Owt of the frensch a tale to translate,
> Whych yn a paunflete y radde and saw bote late.

Was die französische quelle angeht, so sagt Gaston Paris in der einleitung zu seiner ausgabe des 'Lais de l'Oiselet'[1], dass der englische dichter aus einer französischen übersetzung des Petrus Alphonsus geschöpft habe. Der inhalt des gedichtes ist folgender: Ein bauer hat eine nachtigall gefangen, die ihm für ihre freiheit drei wahrheiten lehren will. Der bauer ist damit einverstanden, und der vogel giebt ihm die lehren, um einen verlust nicht zu trauern, nicht alles zu glauben, was man höre, und endlich sich nicht etwas zu wünschen, was man nicht haben könne. Der vogel erhält hierauf seine freiheit; um aber

---

[1] Le Lai de l'Oiselet, Poème français du XIIIe siècle, publié par Gaston Paris, Paris 1884.

zu erproben, ob der bauer die lehren auch beherzigt hat, tadelt er ihn, dass er so töricht gewesen, ihn freizulassen, denn in seinem körper habe er einen edelstein, so gross wie ein ei, der ihm nun verloren sei. Der bauer ist darüber sehr betrübt und sucht den vogel wieder in seine gewalt zu bekommen, worauf ihm dieser beweist, wie schlecht er die empfangenen lehren befolge: erstens sei er über den erlittenen verlust betrübt, zweitens glaube er, dass sich in seinem innern ein edelstein, so gross wie ein ei, befinde, während doch sein ganzer körper kaum halb so gross wie ein ei sei, und endlich suche er ihn wieder einzufangen, was ihm doch niemals gelingen werde.

Sehr wenig bekannt und, so viel ich weiss, bisher noch nicht veröffentlicht ist eine dritte fabel Lydgate's, welche Ritson, Bibl. Poet., unter no. 45 als 'Tale of a crow' anführt. Sie ist überliefert im ms. Bodl. 686, fol. 173ᵇ ff. und trägt dort die überschrift: 'A lytel Tretis of þe Crowe'. Der anfang lautet:

When Phebus dwelt in þis worlde adoun,
As olde bokes maken mencioun,
He was þe most lusty bachilere,
Of al þis worlde, and eke þe best archere etc.

Das gedicht besteht aus 256 versen in reimpaaren. Der inhalt ist folgender: Als Phebus noch auf der erde wohnte, war er ein lustiger gesell und weit und breit der beste bogenschütze. Er tötete Philon[1], die schlange, und verrichtete manch andere kühne tat. Im gesang war er meister, selbst Amphion sang nicht halb so schön wie er; er war der schönste mann auf der erdenrund, seit die welt bestand, eine zierde der ritterschaft. Dieser Phebus hatte in seinem hause eine krähe, die er in einem prachtvollen käfige hielt und der er die sprache der menschen gelehrt hatte; ihre federn waren weiss, wie die eines schwanes, sie konnte besser singen als eine nachtigall. In seinem hause hatte Phebus auch ein weib, das er mehr liebte als sein leben; doch war er sehr eifersüchtig und hielt sie deshalb wol bewacht, damit niemand sie ihm abwendig mache. Doch sollte man ein braves weib nicht so unter aufsicht halten, und übrigens ist eine solche bewachung auch vergeblich, denn niemand kann seiner natur zuwider handeln. Ein vogel wird lieber im walde und in der kälte leben und würmer

---

[1] So die handschrift.

essen, als in einem goldenen käfig sich köstlich bewirten lassen; eine katze wird milch und das beste fleisch stehen lassen, wenn sie eine maus sieht. So wurde auch Phebus von seinem weibe betrogen, denn sie liebte einen mann von untergeordneter stellung, den sie eines tages, als Phebus abwesend war, zu sich kommen liess. Die krähe, welche dem beisammensein mit beigewohnt hatte, erzählt es ihrem herrn, als dieser zurückkehrt. Durch die nachricht erzürnt, tötet er sein weib durch einen pfeil. Doch sofort ergreift ihn die reue über seine schwarze tat, als er sein geliebtes weib tot vor sich liegen sieht, und sein ganzer zorn wendet sich nun gegen die krähe, die ihn durch ihre schwatzhaftigkeit zu dem verhängnisvollen schritt verleitet hat. Er zieht ihr die weissen federn aus, beraubt sie ihres gesanges und der menschlichen sprache und lässt sie davonfliegen. Aus diesem grunde, sagt der dichter, sind jetzt die krähen schwarz. Man hüte sich daher wol, einem manne zu verraten, dass sein weib untreu ist, man halte seine zunge stets im zaume, denn durch zu vieles reden habe mancher schon grossen schaden gehabt.

Der stoff der fabel scheint aus Indien zu stammen, wenigstens findet sich schon im 'Syntipas' eine erzählung, welche mit dem gedicht Lydgate's eine nicht zu verkennende verwandtschaft zeigt. Die erzählungen in den zahlreichen bearbeitungen des indischen grundwerkes sind sehr verschiedene, doch gerade die 'vom redenden vogel' kehrt wol in allen wieder und zwar im grossen und ganzen in derselben gestalt. Lydgate dagegen zeigt den stoff in wesentlich anderer form, besonders ist der ausgang ein anderer. In einer der französischen bearbeitungen, in dem 'Roman de sept sages' machen die frau und ihr buhle durch begiessen mit wasser und blenden mit einem spiegel dem vogel glauben, dass ein gewitter während der nacht getobt habe, um dann seine aussagen im allgemeinen als lügenhaft hinstellen zu können. Sie erreichen ihren zweck; als der vogel nämlich dem heimkehrenden gatten das erlebte berichtet, spricht er auch von dem gewitter, da aber jedermann versichert, dass die nacht ganz ruhig gewesen, hält sein herr ihn für einen verläumder und bringt ihn um. Erst später überzeugt er sich von der unschuld des vogels und verlässt nun seine ungetreue gattin. Von einem gewitter und von dem tode des vogels berichtet Lydgate nichts.

Endlich führt Ritson als ein werk Lydgate's unter no. 158 seiner Bibl. Poet. an: 'A moralization of a fable how the trees chose them a king', doch giebt er nicht an, in welchem manuskript die fabel enthalten ist.[1] Es ist auch möglich, dass hier einfach ein irrtum vorliegt, dass Ritson durch die beiden ersten strophen der obenerwähnten fabel Lydgate's vom bauer und vogel verleitet worden ist, das ganze gedicht für eine moralisation der fabel von den bäumen, die sich einen könig wählen wollen, zu halten, welche dort erzählt wird. Sie findet sich auch bei Aesop, doch nicht im Divionensis oder Burneianus, sondern nur im erweiterten Romulus (Oesterley, app. 72); auch Odo von Cerinton hat sie in seinen Narrationes; Marie de France dagegen hat sie nicht mit übersetzt. Die beiden ersten strophen des 'Chorle and the Bird' lauten nach ms. Cotton. Calig. A, II:

Problemys of old lyknesse and fygures
  Whyche preuyd ben fructuous of sentense,
And haue auctoryte groundyd yn scryptures,
By recemblaunces of notable apparence
With moralytes concludyng on prudence,
Lyke as the byble rehersyth be wrytyng,
How trees sumtyme ches hem self a kyng.

First y thayr chays þey made the olyve
To regne among hem, Judycum doth expresse,
But he hymself gan excusen blyve,
He myȝth not forsaken hys fatnesse,
Nor the fygtre hys amourous swetnesse,
Nor the vyne hys holsom fresch talage,
Whyche yeuyth comfort to all maner age.

Man könnte vielleicht annehmen, dass die genannten drei resp. vier fabeln Lydgate's mit zu dessen sammlung äsopischer fabeln gehört hätten; doch genügt ein blick, um erkennen zu lassen, dass die fabeln vom pferd u. s. w., vom bauer und vogel und von der krähe weder untereinander noch mit den äsopischen in irgend einem zusammenhange stehen, sondern dass jede ein selbstständiges gedicht bildet. Das verschiedene versmass in der ersten (wenigstens in der moral) und dritten, die längeren einleitungen, die grosse ausdehnung der fabeln selbst sprechen genügend dafür. Ausserdem sind es auch keine äsopischen fabeln, und nur solche will Lydgate seiner eigenen angabe

---

[1] In den manuskripten des Britischen Museums zu London und der Bodleiana zu Oxford habe ich eine solche fabel nicht finden können.

nach in jener sammlung übersetzen. Wol aber wäre es möglich, dass die fabel vom baumkönig, wenn eine solche überhaupt existierte, zu dieser sammlung gehört hat; denn sie ist nicht allein eine äsopische, sondern ist auch in zwei niederdeutschen fabelwerken, welche Lydgate ziemlich nahe stehen, bearbeitet worden.

Noch ist zu bemerken, dass Lydgate auch in seinen übrigen gedichten öfters auf tierfabeln anspielt, so z. b. in einem gedicht 'On the Mutability of Human Affairs' auf die vom lamm und wolf (no. 2 der sammlung), in einem anderen 'Advice to Tittle-Tattlers' auf die vom fuchs und hahn, welche Chaucer in den Canterbury Tales erzählt, u. s. w.

Wichtiger als die bisher genannten gedichte Lydgate's ist dessen übersetzung Aesop's, welche jedoch gerade von jeher nur eine geringe beachtung gefunden hat. Die überlieferung der fabeln, ausser der vom hund und schatten, in nur einer handschrift, sowie der umstand, dass die frühesten buchdrucker, die sich der meisten der zu ihrer zeit beliebten werke bemächtigten, sie nicht durch drucke veröffentlichten, zeigt deutlich, dass sie sich nur eines geringen interesses erfreuten. Doch auch in neuerer zeit wurde diese Aesopübersetzung, trotzdem sie von Ritson, 'Bibliographia Poetica', und von Halliwell, 'A Selection from the Minor Poems of Lydgate', erwähnt wird, fast gar nicht beachtet.

Wichtig ist die dichtung noch aus dem grunde, weil sie zur kenntnis der lebensschicksale des dichters einen beitrag liefert; wir erfahren nämlich seinen geburtsort. Vers 32 des prologes sagt er:

'I was born in Lydegate',

und zwar ist dies ein ort bei Newmarket in der grafschaft Suffolk.

In bezug auf das, was weiter über das leben Lydgate's [1] bekannt ist, verweise ich auf Warton, 'History of Engl. Poetry', und auf die einleitung Halliwell's zu seiner ausgabe der 'Minor Poems of Lydgate'.   -

---

[1] In den handschriften wird Lydgate fast immer Dan (abkürzung von dominus) John Lydgate, monke of Bury oder of Bury St. Edmund's genannt. Die schreibweise des namens ist ausserordentlich schwankend, man findet in den handschriften: Lidgat, Lidgate, Lidegat, Lidegate, Lydgavd, Lydegat, Lydgat, Liedegat, Ludgate, Lydgate u. s. w. Die letzte schreibweise ist die häufigste.

Als verfasser der Aesopübersetzung nennt sich Lydgate im texte zwar nicht selbst, doch lassen, abgesehen davon, dass er 'Lydegate' als seinen geburtsort anführt, stil und ausdrucksweise ihn mit sicherheit als solchen erkennen. Im Ashmole ms. 59, II wird er endlich in einer randbemerkung als verfasser der fabel vom hund und schatten bezeichnet, welches dieselbe ist, die im ms. Harl. 2251 sich als siebente fabel findet.

Ueberliefert sind die äsopischen fabeln Lydgate's, ausser der vom hund und schatten, in einer einzigen handschrift, welche in einem sammelbande, Harl. 2251, des Brit. Museums enthalten ist. Es ist umsomehr zu bedauern, dass eine zweite handschrift nicht aufzufinden ist, als im ms. Harl. 2251 gerade an der stelle, wo unsere fabeln stehen, ein blatt (fol. 287) fehlt, so dass von der zweiten fabel, wolf und lamm, nur 11 strophen erhalten sind; es fehlen ca. 60 verse und zwar aus der mitte der fabel. Fol. 286ᵇ schliesst mit dem zweiten verse einer strophe, und es sind von anderer hand, nach einer notiz im katalog der Harl. mss. von der hand des Mr. John Stowe, die fehlenden fünf verse dieser strophe auf den unteren rand der seite hinzugeschrieben worden. Eine zweite handschrift existierte also, und zwar scheint sie sich ebenso wie Harl. 2251 im besitze des Mr. John Stowe befunden zu haben, welcher daraus die fünf verse auf fol. 286ᵇ im ms. Harl. 2251 ergänzte.

Harl. 2251 ist eine papierhandschrift des 15. jahrhunderts in kleinfolio, mit reich verzierten initialen geschmückt. Die schriftzüge sind leicht lesbar, die abkürzungen nicht allzu häufig. Der katalog der Harl. mss. des Brit. Museums giebt näheres über die handschrift; es heisst dort: 'A Paper-book in small folio bought (many years agoe) of Mr. Richard Jones since deceased. It seems to have been written by the hand of one Shirley, and afterwards to have come into the possession of Mr. John Stowe the Historian and is now imperfect and otherwise damaged. However, it yet contains a great Collection of Ditties (as they were then called), Ballads and other Poems of John Lidgate the famous Monk of Bury St. Edmund, and of some few other Authors'. Unsere fabeln stehen dort fol. 283ᵃ ff. und sind im katalog aufgeführt unter no. 132 als 'A Paraphrastical Translation of Seaven of Isopos Fabules'. Auch hat der katalog die bereits erwähnte bemerkung: 'That this is Dan John's Work is plain from the last Verse save

one in this page, where he saith "I was born in Lydegate".
It may be also noted, that fol. 287 being wanting, Mr. John
Stowe above-mentioned hath added the first five Verses that
were therein to the bottom of fol. 286ᵇ and omitted in the rest;
unless they were inserted in a loose Paper now lost'.

Nur die fabel vom hund und schatten ist, wie bereits
mehrfach erwähnt, ausser in Harl. 2251 nochmals überliefert
im Ashm. ms. 59, II der Bodl. Library zu Oxford, einer papierhandschrift aus dem 14. jahrhundert; sie steht auf fol. 24ᵇ.
Nach dem anfang 'An olde proverbe haþe bee seyde and shal'
wird die fabel in dem katalog der mss. als 'Proverbes of Ysopos'
aufgeführt. Ritson, Bibl. Poet., betrachtet sie als ein selbstständiges gedicht.

Die Acsopübersetzung Lydgate's umfasst den prolog und
sieben fabeln mit zusammen 903 versen inkl. der fünf auf
fol. 286ᵇ von Stowe hinzugefügten. Die fabeln sind von sehr
verschiedener länge; während die siebente nur 28 verse hat,
umfasst die dritte deren 224. Die verse sind zu strophen verbunden und zwar zu der bekannten Chaucerstrophe mit dem
reimschema ababbcc.

Die fabeln sind:

1. Hahn und edelstein,
2. Wolf und lamm,
3. Hund und schaf,
4. Wolf und kranich,
5. Maus und frosch,
6. Zwei sonnen,
7. Hund und schatten.

Ob Lydgate mehr als diese sieben fabeln bearbeitet hat,
lässt sich nicht sagen, doch glaube ich nicht, dass es der fall
gewesen ist. Die sonstigen werke des seiner zeit so beliebten
dichters sind in einer so überaus grossen menge von handschriften überliefert, dass man nicht gut annehmen kann, dass
eine dichtung von solcher bedeutung, wie es eine vollständige
Acsopübersetzung gewesen sein würde, verloren gegangen wäre.
Aus der knappen behandlung der siebenten fabel im vergleich
zu den vorhergehenden lässt sich schliessen, dass dem dichter
der stoff nicht mehr behagte, oder dass ihm das werk, wenn
er es in der angefangenen weise fortführte, zu umfangreich
wurde und er nun hier abbrach.

Erwähnt sei noch, dass eigennamen für die tiere nicht vorkommen, wie Romulus und seine bearbeitungen solche überhaupt nicht kennen.

Was die zeit der abfassung angeht, so ist dieselbe noch ins 14. jahrhundert zu setzen und zwar aus dem einfachen grunde, weil das ms. Ashm. 50, II, wie aus anderen darin enthaltenen dichtungen hervorgeht, ohne zweifel im 14. jahrhundert noch geschrieben ist und es eine der fabeln enthält. Dieselbe steht in Harl. 2251 an siebenter stelle und ist so eng mit den vorhergehenden fabeln verbunden, dass man nicht etwa annehmen kann, Lydgate habe in seiner jugend nur die eine fabel und erst später den prolog und die sechs anderen übertragen. Auch kann die übersetzung nicht erst ganz zu ende des jahrhunderts entstanden sein, weil sie sonst schwerlich in eine handschrift, die noch dem 14. jahrhundert angehört, aufgenommen werden konnte. Man kann wol die abfassungszeit getrost zehn bis zwölf jahre vor 1400 setzen, so dass sogar die notiz im Ashm. ms. 59, II, wonach die übersetzung in Oxford entstanden ist, an wahrscheinlichkeit gewinnt. Es wäre demnach unsere fabelübersetzung ein jugendwerk Lydgate's, das er vielleicht noch als student während seines aufenthalts in Oxford angefertigt hat. Als eine jugendarbeit dokumentiert sie sich auch noch durch die geringe übung des dichters in der behandlung des verses, durch die unbeholfenheit im ausdruck u. s. w. Die verse sind wenig glatt und fliessend; öfters findet man drei hebungen ohne dazwischenliegende senkung oder drei und mehr senkungen neben einander. Die zahl der hebungen im verse, die bei Chaucer in der regel fünf beträgt, ist hier sehr schwankend; verse mit vier und sechs oder sieben hebungen sind häufig; besonders werden verse mit mehr als fünf hebungen als schlussverse einer strophe gebraucht, um dadurch einen abschluss herbeizuführen. Der reim ist oft unrein; an manchen stellen finden sich nur assonanzen. Als fehlerhafte reime sind z. b. zu bezeichnen:

I, 135 : 137 : 138 rivers : desires : garners;
II, 15 : 17 stiwes : sues;
III, 155 : 157 auctours : incomoditees;
III, 169 : 171 wele : seale;
IV, 36 : 38 looke : throte;
V, 104 : 105 lust : athurst u. s. w.

Es bleibt noch übrig zu untersuchen, welche quelle oder quellen Lydgate seiner bearbeitung zu grunde gelegt hat. Im texte sagt er selbst nichts weiter, als dass ein 'Isopos' seine vorlage gewesen sei. Nachdem er nämlich im prolog über die bedeutung und den nutzen der fabel und über die bearbeitung derselben durch Aesop gehandelt hat, fährt er v. 29 fort:

> For whiche I cast to folwe this poyete
> And his fabulis in Inglyssh to translate.

Auch an vielen anderen stellen spricht er von Aesop als seinem 'auctour', so z. b. II, 20, 56, 73, III, 14, 216, IV, 1 etc.

Da Lydgate sein werk bestimmt als eine übertragung Aesop's bezeichnet, so mag die äsopische fabel im allgemeinen und ihre verbreitung im mittelalter hier kurz behandelt werden. Das verdienst, einiges licht in die verwickelten verhältnisse der fabellitteratur des mittelalters gebracht zu haben, gebührt Oesterley, welcher in der einleitung zu seiner ausgabe des Romulus[1] über die verbreitung der äsopischen fabel gehandelt hat. Vor kurzem ist von L. Hervieux[2] ein sehr ausführliches werk über lateinische fabulisten erschienen, welchem Gaston Paris in dem Journal des Savants, dec. 1884 und jan. 1885, eine eingehende besprechung widmet. Eine ältere abhandlung über die mittelalterlichen fabelsammlungen ist noch zu erwähnen von Roth im Philologus I, s. 523 ff.[3]

Die ächt äsopische fabel war während des ganzen mittelalters wenn nicht vollständig verschollen, so doch ausserordentlich wenig bekannt. Von dem griechischen fabeldichter hatte sich kaum irgend etwas mehr als der name erhalten, und es sind daher nicht sowol die fabeln Aesop's als die des Phädrus, welche als ausgangspunkt der gesammten entwicklung der fabellitteratur betrachtet werden müssen, doch auch diese nicht in ihrer ursprünglichen poetischen gestalt, sondern in der form von prosaauflösungen, von welchen die von Romulus verfasste besonders von einfluss war. Auch die werke des römischen dichters waren nämlich schon in früher zeit vergessen, und so wurde der Romulus geradezu der vater der

---

[1] Romulus, die Paraphrasen des Phädrus, herausgeg. von Hermann Oesterley, Berlin 1870.

[2] Léopold Hervieux, Les fabulistes latins depuis le siècle d'Auguste jusqu'à la fin du moyen âge. Paris 1884, 2 bände.

[3] Roth, Die mittelalterlichen Sammlungen lateinischer Thierfabeln, Philologus I, s. 523.

äsopischen fabel im mittelalter. Trotzdem aber tragen die bearbeitungen des Romulus fast ausnahmslos den namen Aesop's an der spitze, und noch in späterer zeit, noch jahrhunderte nach dem wiederaufleben der ächt äsopischen fabel, wurde fabelsammlungen der name Aesop's beigelegt, die lediglich auf Romulus zurückgingen.

Neben den unter dem namen Aesop's gehenden fabelwerken waren im mittelalter noch besonders die fabeln des Avian bekannt; doch sind diese im laufe der jahrhunderte unverändert dieselben geblieben, ohne einen hervorragenden einfluss auf die litteratur zu gewinnen.

Ausser Romulus existierten noch zwei prosaauflösungen des Phädrus, die aber gleichwie Avian für die weiterentwicklung der fabel von nur geringer bedeutung waren. Die eine ist bekannt als Anonymus Wisseburgensis und ist überliefert in einer äusserst fehlerhaften und verstümmelten handschrift aus dem anfang des 10. jahrhunderts, die aber durch eine hand des 12. jahrhunderts auf grund einer Romulushandschrift korrigiert ist.[1] Eine beschreibung der hs. mit einigen textproben giebt Tross in seiner 'Epistola ad Jul. Fleutelot de codice olim Wisseburgensi nunc Guelpherbytano. Hammone 1844'. Der An. Wisseb. enthält nebst vor- und schlussreden 63 (eigentlich nur 59[2]) fabeln, die in fünf bücher geteilt sind.

Die andere prosabearbeitung ist der sogenannte Anonymus Nilantii; es ist dies die ältere der zwei von Nilant herausgegebenen rezensionen, welche Oesterley beide für bruchstücke oder auswahlen aus Romulus hält. In bezug auf die jüngere fassung hat Oesterley recht, und Nilant selbst bezeichnet sie als 'Romuli fabulae Aesopiae', die andere jedoch geht nicht auf Romulus zurück, sondern hat mit demselben eine gemeinschaftliche quelle. Oesterley hält deshalb den An. Nil. für ein bruchstück des Romulus, weil er sogar die zuschrift an Tiberinus (s. u.) enthalte. Es befindet sich zwar diese zuschrift in demselben codex, der auch den An. Nil. enthält, doch steht sie mit demselben nicht einmal in äusserlichem zusammenhange, denn während letzterer den schluss des bandes bildet, steht erterer ganz zu anfang. Ferner sprechen auch die grossen ab-

---

[1] Vgl. Hervieux, Les fab. lat. I, 3. buch.
[2] Vgl. Roth, Philologus I, s. 525.

weichungen vom Romulus und das vorkommen von fünfzehn fabeln, welche im Romulus nicht zu finden sind, gegen die ansicht Oesterley's.

Was das verhältnis der genannten drei prosafabelsammlungen zu einander und zu Phädrus angeht, so ergiebt sich aus der untersuchung Roth's [1], dass dieselben als gleichberechtigt neben einander zu stellen sind, dass aber ihre gemeinschaftliche quelle nicht Phädrus direkt, sondern ein werk ist, das als "Aesopus ad Rufum" [2] citiert wird, das werk eines unbekannten, der in den ersten zeiten des mittelalters eine auflösung der phädrianischen fabeln in prosa geschaffen und einem gewissen Rufus gewidmet hat. Der umstand jedoch, dass der An. Nil. dem Phädrus besonders nahe steht, bestimmt Hervieux [3] zu der annahme, dass wol für Rom. und An. Wiss. jener 'Aesopus ad Rufum', für An. Nil. aber Phädrus selbst als direkte vorlage anzunehmen sei. Ich schliesse mich den ausführungen Roth's an. Auch An. Wiss. steht übrigens dem Phädrus sehr nahe, so dass oft nur geringe änderungen genügen, um die ursprünglichen jamben wiederherzustellen. Es wird eben der 'Aesopus ad Rufum' sich äusserst eng an seine vorlage gehalten haben, ja vielleicht war diese ursprüngliche auflösung der phädrianischen fabeln in prosa gar nicht beabsichtigt, sondern ein abschreiber hat die ihm ungewohnten jamben einfach für prosa gehalten und durch willkürliche änderungen die verse zerstört.

Eine hervorragende stellung unter den prosaauflösungen des Phädrus nimmt, wie bereits erwähnt, der Romulus ein, welcher den ausgangspunkt für eine grosse anzahl von übersetzungen und bearbeitungen bildete. Seine ursprüngliche gestalt besteht ausser einem widmungsschreiben des Romulus an seinen sohn Tiberinus aus rund 80 [4] fabeln, die in vier bücher geteilt sind und mit einer zuschrift an Rufus abschliessen. Die hss. [5] des Romulus sind ziemlich zahlreich; die älteste derselben gehört ins 10. jahrhundert und findet sich im Britischen Museum als cod. Burneianus 59 fol. Ueber die person des Romulus, der im prolog als verfasser der sammlung angeführt

---

[1] Philologus I, pag. 523.
[2] Vgl. auch L. Müller, De Phädriani et Aviani fabulis libellus, Leipzig 1875, pag. 16.
[3] Hervieux, Les fab. lat. I, pag. 225. 226.
[4] Vgl. G. Paris, Jour. des Sav., 1884—1885, p. 12.
[5] Ausführliche beschreibung der hss. s. Hervieux, I. 2. buch.

wird, ist nichts bekannt. Oesterley bemerkt, dass es das alter des Burneianus gestatte, den Romulus de via Ardeatina, civis Romanus, welcher im jahre 964 ein schismatisches document unterzeichnete, ins auge zu fassen. Hervieux hält den namen des Romulus für untergeschoben, er meint, der schreiber habe, um dem werke ein besonderes ansehen zu verleihen, es mit einem der bekanntesten namen aus der geschichte geschmückt.[1] Die heimat des verfassers scheint Gallien gewesen zu sein. Näheres giebt Dressler im programme des gymnasiums zu Bautzen vom jahre 1841.

Während sich die ursprüngliche fassung des Romulus jahrhunderte hindurch im wesentlichen unverändert erhielt[2], wurde sie zu gleicher zeit die quelle für eine reihe neuer, durchaus abweichender gestaltungen, die zum teil sogar als völlig neue schöpfungen erscheinen.

Von den bearbeitungen, die unmittelbar auf Romulus zurückgehen, ist in erster linie der sogenannte Anonymus Neveleti zu nennen, eine bearbeitung der ersten drei bücher des Romulus in lateinischen distichen. Nevelet liess das werk 1610 in der Mythologia Aesopica, Frankfurt a. M., abdrucken. Was das alter dieser poetischen bearbeitung angeht, so ist sie mindestens in das 12. jahrhundert zu setzen, da in Wolfenbüttel sich eine hs. davon aus jener zeit findet. Der An. Neveleti war lange zeit hindurch ausserordentlich verbreitet, so dass er selbst wieder den ausgangspunkt für eine grosse reihe von bearbeitungen und übersetzungen bildete.[3]

Ebenso geht unmittelbar auf Romulus zurück eine gereimte niederländische bearbeitung aus dem 13. jahrhundert, welche J. A. Clignett in Bijdragen tot de oude nederlandsche letterkunde, Gravenhage 1819, veröffentlicht hat.

Von grösserer wichtigkeit sind eine anzahl anderer bearbeitungen des Romulus (R), die in ihrer vorliegenden gestalt jedoch nicht direkt auf denselben zurückgehen, sondern durch ältere versionen, die aber leider nicht mehr erhalten sind, ver-

---

[1] Hervieux, Les fab. lat. I. pag. 279.
[2] Im Münchener cod. lat. 756 befindet sich eine im jahre 1495 von dem bekannten Petrus Crinitus in Florenz angefertigte abschrift des Romulus, die in allen teilen mit dem Burneianus übereinstimmt.
[3] Ueber den verfasser des An. Novel. handelt Hervieux ausführlich im 1. band, p. 432 u. ff. Im 2. bande hat er den An. Novel. von neuem abgedruckt.

mittelt werden.[1] Als zu dieser gruppe gehörig sind zu nennen
eine französische übersetzung in versen von Marie de France
(M), eine lateinische prosabearbeitung, welche von Oesterley l. l.
als 'erweiterter Romulus' citiert wird (E), die prosaische glosse
des 'Aesopus moralisatus' (A), eine niederdeutsche dichtung,
die man gewöhnlich Gerhard von Minden zuschreibt (G), ein
zweiter niederdeutscher Aesop in versen (N) und schliesslich,
wie bereits hier erwähnt werden mag, eine englische bearbeitung
von Lydgate. Alle die genannten fabelwerke stehen unter einander in einer so nahen beziehung, dass eine ursprünglich
gemeinschaftliche quelle angenommen werden muss. Der wich-
tigste punkt der übereinstimmung ist der, dass sie sämmtlich
von einer englischen übertragung der äsopischen fabeln durch
einen könig Affrus sprechen. Ausserdem aber zeichnen sie sich
durch eine bedeutende reihe von erweiterungen hinsichtlich des
bestandes der fabeln, durch breitere ausführung der einzelnen
erzählungen etc. vor Romulus und anderen Phädrusbearbeitungen
aus, so dass die zusammengehörigkeit der genannten sammlungen unverkennbar ist.

Von dem lateinischen Aesop, der als 'erweiterter Romulus'
bekannt ist, existieren eine grössere anzahl von hss., von denen
die älteste, der cod. reg. bibl. 15 A VII des Britischen Museums,
dem 13. jahrhundert angehört; die vollständigste ist enthalten
im Göttinger cod. theol. 140. Näheres über die hss. und ihr
verhältnis zu einander giebt E. Mall in Ebert's jahrbuch etc.
XII, p. 23 u. ff.[2] Der hier ferner erwähnte 'Aesopus moralisatus'
besteht aus den poetischen fabeln des Anonymus Neveleti
(s. o.) und, weil hierin die erzählung hinter den rhetorischen
wendungen zurückgetreten war, aus einer prosaischen erklärung.
Was die beiden niederdeutschen dichtungen angeht, so spricht
die erstere[3] im prolog von einem Gerhard von Minden, der
im jahre 1370 den Aesop ins Deutsche übersetzt habe, weshalb
man sie bisher diesem Gerhard zuschrieb (s. u.). Das andere ·

---

[1] Eine anzahl fabeln der zu dieser gruppe gehörigen bearbeitungen
und besonders der französischen der Marie de France sind so verstümmelt
und missverstanden, dass eine oder mehrere zwischen ihnen und Romulus
liegende versionen sicher angenommen werden müssen.
[2] Vgl. auch Hervieux, Les fab. lat. I, p. 586 u. ff.
[3] Beschrieben und z. t. ausgezogen in Wiggert's 'Zweites scherflein
zur förderung der kenntnis älterer deutscher mundarten und schriften'.
Magdeburg 1836. Eine vollständige ausgabe existiert von Seelmann, II.
band der 'Niederdeutschen Denkmäler'. Bremen 1878.

fabelwerk ist ein Aesop der Wolfenbütteler bibliothek, auf den
Hoffmann von Fallersleben in Pfeiffer's Germania XIII, p. 409,
zuerst aufmerksam gemacht hat.[1]

Das verhältnis der zusammengehörigen Romulusbearbei-
tungen zu einander ist ziemlich verwickelt. In bezug auf die
beiden zuletzt genannten niederdeutschen übersetzungen ist zu
erwähnen, dass die eine z. t. die quelle der anderen gewesen
ist. Seelmann in seiner ausgabe des Gerhard von Minden
weist nach, dass die von Wiggert in einem Magdeburger ms.
gefundene und Gerhard von Minden zugeschriebene fabelübersetzung nicht von Gerhard verfasst ist und nicht nach Minden
gehört. Ihre abfassungszeit fällt vielmehr in die jahre 1402—4,
und sie hat den von Hoffmann von Fallersleben gefundenen
niederdeutschen Aesop z. t. als vorlage gehabt. Gerhard von
Minden, welcher im prolog als übersetzer genannt wird, müsste
demnach eine frühere sammlung verfasst haben, und Seelmann
glaubt diese in dem niederdeutschen Aesop Hoffmann's gefunden
zu haben. Es würde also zunächst G auf N zurückgehen,
während N den erweiterten Romulus hauptsächlich als quelle
gehabt hat.[2] Mit dem erweiterten Romulus stimmt auch die
prosaische erklärung des Aesopus moralisatus an vielen stellen
wörtlich überein, so dass eine benutzung des einen durch den
andern sicher stattgefunden haben muss; doch bin ich nicht
der ansicht, dass, wie Seelmann in der einleitung zu seiner
ausgabe des Gerhard von Minden behauptet, der compilator,
welchen wir den erweiterten Romulus verdanken, aus der
prosaischen glosse des Aesopus moralisatus entlehnt hat, sondern dass vielmehr der erweiterte Romulus zur erklärung der
metrischen fabeln im Aesopus moralisatus benutzt wurde. Die
distichen des Anonymus Neveleti, welche den metrischen teil
des Aes. mor. bilden, weichen öfters von der paraphrase ab;
so sind z. b. die prologe ganz verschieden; dann hat ersterer
die fabel von der maus und dem frosch in der gestalt, wie
sie der ursprüngliche Romulus hat, während letztere mit dem
erweiterten Romulus übereinstimmt u. s. w. Es ist also wol
die prosaische glosse nicht aus den poetischen fabeln des Aes.

---

[1] Eine grössere auswahl von stücken giebt Hoffmann in einem be-
sonderen hefte 'Niederdeutscher Aesop'. Berlin 1870.
[2] Nach Seelmann hat G den erweiterten Romulus öfter auch direkt
benutzt.

mor. geflossen, d. h. diese sind nicht hergenommen und pro-
saisch erklärt worden, sondern sie ist einer anderen fabelsammlung entnommen, die den poetischen fabeln sogar ziemlich fern stand.. Auch A ist somit auf den erweiterten Romulus
(E) direkt zurückzuführen. Wie verhält sich nun E zur französischen version der Marie de France? Ist letztere aus ersterem
geflossen oder umgekehrt, oder haben beide eine gemeinschaftliche vorlage? M sowol als E sprechen zunächst von einer
englischen übersetzung Aesop's, jedoch mit dem unterschied,
dass nach M dieselbe von einem könig Affrus selbst verfasst
sein soll, während nach E Affrus eine solche nur veranlasst
hat. Bei E heisst es: Deinde rex anglice Affrus in anglicam
linguam eum transferri precepit; M dagegen sagt:

> Li rois Henris (Affrus, Alvrez etc.) qui moult l'ama
> Le translata puis en Engleiz.

Ferner wird in E die englische version im prolog erwähnt,
in M erst in der conclusio; dann spricht E überhaupt nur
von der existenz einer englischen übersetzung, während M
direkt nach einer solchen übersetzt haben will:

> E jeo l'ai rimé en Françeiz
> Si cum gel' truvai premierement.

Endlich zeigen E und M in den einzelnen erzählungen
eine solche menge abweichungen von einander, dass man nicht
annehmen kann, dass die eine übertragung aus der anderen
geflossen ist; beide sind vielmehr als unabhängig neben einander zu stellen. Für Marie ist, ihrer eigenen aussage zufolge,
die englische version die unmittelbare vorlage gewesen, und
der erweiterte Romulus würde sie ebenfalls nicht erwähnt
haben, wenn sie nicht auch ihm vorgelegen hätte. Ich bin
deshalb der ansicht, dass M und E eine gemeinschaftliche quelle
gehabt haben, welche nach M die englische bearbeitung des
königs Affrus sein müsste.

Nach Hervieux und Gaston Paris geht nun die englische
übersetzung noch nicht direkt auf Romulus zurück, sondern
sie nehmen noch eine dazwischenliegende lateinische version
an, die sie als 'anglo-lateinischer Romulus' oder als 'Romulus
de Marie de France' bezeichnen. Vollständig ist ein solcher
anglo-lateinischer Rom. nicht erhalten, aber einen teil desselben
glaubt Hervieux im sogenannten 'Romulus Roberti' gefunden

zu haben.[1] Es besteht der R. Roberti aus 22 fabeln, welche
Robert 1825 in zwei hs.[2], 347 A und 347 C der Nationalbibliothek
zu Paris, gefunden und im 2. band seiner 'fables inédites', p.
647—562, veröffentlicht hat.[3] Der R. Rob. enthält eine fabel
(n. 22: kukuk als könig), die wol in M sich findet, nicht aber
in E, sowie eine andere, die in E, aber nicht in M vorkommt.
Die eine fabel des R. Rob. (kukuk als könig), welche in den
103 nummern von M, aber nicht in den 136 von E zu finden
ist, muss einen teil der gemeinschaftlichen vorlage von M und
E gebildet haben, also mindestens in der englischen version
enthalten gewesen sein, und da sie nun im R. Rob. sich findet,
muss dieser eine ältere fassung als M und E repräsentieren.
Ob nun der R. Rob. einen teil jenes anglo-lat. Rom. bildet oder,
wie G. Paris p. 22 annimmt, ob er mit demselben nur dieselbe
quelle hat, will ich unentschieden lassen; vielleicht ist er neben
die englische übersetzung des königs Affrus zu setzen, so dass
beide den anglo-lat. Rom. als vorlage gehabt hätten.

Ein stammbaum würde sich wie folgt gestalten:

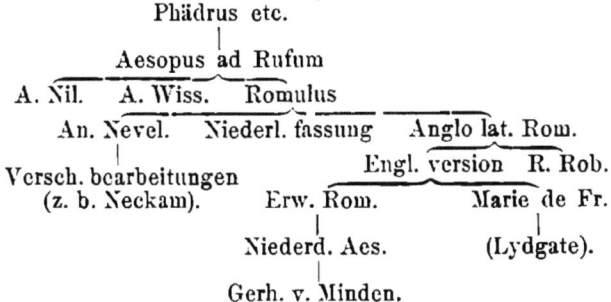

Ueber den umfang der einzelnen bearbeitungen mag noch
erwähnt werden, dass der eigentliche Romulus nach G. Paris
85 fabeln umfasste, während der erweiterte in der vollständigsten
hs. (Göttinger cod. theol. 140) 136 hat; Marie de France hat
103 fabeln, wovon circa 60 dem eigentlichen Romulus entnommen sind. Eine erweiterung des Romulus zeigt sich in M
und E, war also bereits in der englischen version eingetreten,
und zwar wird dieselbe bestanden haben aus 137 fabeln, nämlich

---

[1] Näheres bei Hervieux, L. fab. lat. I, p. 583; G. Paris, J. des sav. 1884
bis 1885, p. 21 u. ff.

[2] Nach G. Paris ist die eine der hss. nur eine copie der anderen.

[3] Neu ediert von Hervieux, L. fab. lat. II. bd.

aus den 136 des erweiterten Romulus und aus der einen der
Marie de France, welche im Rom. Rob. sich findet, aber von
E nicht mit übernommen ist. Hervieux glaubt, dass der anglo-
lat. Rom. nur aus 104 nummern bestanden habe, aus 103 der
Marie und der einen aus dem Rom. Rob., so dass zunächst
der eigentliche Romulus eine erweiterung erfahren hätte im
anglo-lat. Rom. und dann in E zum zweiten male erweitert
worden wäre.

Auch die vorliegende englische dichtung Lydgate's bezeichnet sich als eine übersetzung Aesop's, und zwar gehört
auch sie, wie leicht zu erkennen ist, zu den mittelbaren aus-
flüssen des Romulus und davon wieder zu der gruppe von
bearbeitungen, welche von einer früheren englischen übersetzung sprechen. Zwar erwähnt nun gerade Lydgate eine solche
englische version nicht, doch kann dies nicht weiter auffallen,
wenn man bedenkt, dass selbst Marie de France, welche dieselbe als direkte vorlage gehabt haben will, sie im prolog
ebenfalls nicht erwähnt, sondern dort auch nur von Aesop
spricht; erst in der conclusio gedenkt sie ihrer. Auch die
vorlage Lydgate's wird im prolog nichts über die englische
version berichtet haben.

Von den bearbeitungen dieser gruppe steht die französische
der Marie de France Lydgate am nächsten, ja beide haben
eine anzahl momente gemeinsam, die geradezu geeignet sind,
Marie de France als hauptsächlichste quelle Lydgate's erkennen
zu lassen.

Eine vergleichung der prologe bei Marie de France und
Lydgate zeigt deutlich die nahen beziehungen beider zu einander, so finden sich z. b. die anfangsverse Marie's:

> Cil ki seivent de lettrure,
> devreient bien mettre lur cure
> es buns livres e es escriz
> e es essemples e es diz
> ke li filosofe truverent
> e escrirent et remembrerent,

in der ersten strophe Lydgate's fast wörtlich wieder; es heisst
dort:

> Wysdom is more of pris than gold in cofres
> To theym that have savour in lettrure,
> Old examples of prudent philosophres
> Moche availith to folke, that don her cure
> To serchen out lyknes of nature,

In whiche men myght consayve and clierly se
Notable sentences of grete moralité.

Lydgate spricht im prologe noch weiter über die fabel
im allgemeinen: wie man oft in zinnernen schüsseln kostbare
speisen sehen kann, wie unter der schwarzen erde edle steine
gefunden werden, so liegen auch in den einfachen unschein-
baren fabeln tiefe wahrheiten verborgen. Was seine übersetzung angeht, so weist er alles lob bescheiden zurück, er
habe nicht wie Cicero die gabe der beredsamkeit, und er
bittet um nachsicht, wenn er irre; gern werde er von leuten,
die mehr in der dichtkunst bewandert seien, belehrung annehmen.

Bemerkenswert ist die art und weise, in welcher Marie
und Lydgate von Aesop sprechen; beide weichen hierin vollständig von den übrigen Phädrusbearbeitungen ab. Während
diese nämlich Aesop als einen griechischen weisen und ursprünglichen verfasser der fabeln hinstellen, kennt Marie ihn überhaupt nicht mehr als griechischen dichter; nachdem sie von
einem kaiser Romulus gesprochen, der für seinen sohn fabeln
geschrieben habe, fährt sie fort:

Isopus escrit a sun mestre,
ki bien quenut lu e sun estre,
unes fables k'il ot truvees,
de griu en laiten translatees.

Auch Lydgate kennt Aesop nicht mehr als griechischen
fabeldichter, er weiss überhaupt nichts von dem vorhandensein
einer früheren griechischen version, vielmehr ist Aesop bei ihm
ein hochberühmter römischer dichter:

This poyet laureat,
Callyd Isopus, did hym so occupy
Whylom in Rome, to please the senat,
Founde out fabules.

Es zeigt sich hier deutlich, dass im mittelalter von Aesop
wenig mehr als der name bekannt war. Vielleicht ist es auch
möglich, dass Lydgate, als er Aesop zum römischen 'poyet
laureat' erhob, an den römischen fabeldichter Phädrus dachte,
dessen werke ja auch schon frühe verschollen und verloren
waren.

Ein weiterer punkt, in welchem Lydgate und Marie mit
einander übereinstimmen, aber vom erweiterten Romulus, Gerhard u. s. w. abweichen, ist der, dass, wie schon oben erwähnt

sie im prolog eine frühere englische fabelübersetzung durch
einen könig Affrus nicht erwähnen.

Auffällig ist es, dass bei Lydgate der name des Romulus
sich nicht findet. In den übrigen angeführten fabelwerken
wird Romulus als übersetzer der griechischen fabeln Aesop's
in das Lateinische genannt; auch Marie .de France erwähnt
ihn, jedoch nicht wie die andern als übersetzer Aesop's, sondern
sie sagt nur, dass er für seinen sohn fabeln geschrieben habe,
um ihm durch beispiele zu zeigen, wie er sich vor betrügern
schützen könne, und erst hierauf spricht sie von den fabeln
Aesop's, welche sie jetzt in verse bringen wolle. Die fabelsammlungen Romulus' und Aesop's werden also von Marie als
zwei, von einander ganz unabhängige, lateinische werke hin-
gestellt und Lydgate wird einfach ersteres nicht erwähnt haben,
weil es für ihn von keiner bedeutung ist, denn er will ja nur
Aesop übersetzen.

Der übergang zu den fabeln ist bei beiden derselbe, sie
wollen Aesop folgen und mit seiner ersten fabel beginnen. Denselben übergang hat ausserdem auch der Wolfenbütteler Aesop.

Einen weiteren beweis für die nahen beziehungen der
fabelsammlungen Lydgate's und Marie's zu einander bildet
die reihenfolge der fabeln. Die von Romulus eingeschlagene
reihenfolge blieb auch in seinen bearbeitungen im grossen und
ganzen dieselbe; auch Marie hat sie im wesentlichen beibehalten,
doch hat sie sich gleich im anfang eine änderung erlaubt. Die
ersten acht fabeln gerade folgen in den übrigen Romulus-
bearbeitungen in gleicher weise aufeinander, nur Marie allein hat
die fabel vom löwenteil, die dort an sechster stelle steht, weiter
nach hinten gerückt. Auch Lydgate hat diese fabel nicht an
sechster stelle, sondern nur die ersten sieben nummern Marie's'
wenn auch diese in veränderter reihenfolge. Mit einigen bearbeitungen Aesops verglichen ist die reihenfolge der fabeln
Lydgate's die folgende:

Lydg.	Phädr.	A. Nil.	Wiss.	Rom.	Er. R.	Marie	G. v. M.
Hahn und perle	III,$_{12}$	1	V,$_7$	1	1	1	1
Wolf und lamm	I,$_1$	3	I,$_1$	2	2	2	2
Hund und schaf	—·	5	I,$_2$	4	4	4	4
Wolf und kranich	I,$_8$	64	I,$_9$	8	8	7	8
Maus und frosch	Ap. Bur. 6	4	I,$_3$	3	3	3	3
Zwei sonnen	I,$_6$	10	I,$_8$	7	7	6	7
Hund und schatten	I,$_4$	7	I,$_6$	5	5	5	5

Die erste fabel handelt von dem hahn, der ausgeht, um nahrung zu suchen, und dabei einen kostbaren stein findet. Diese erste fabel hat Lydgate wesentlich erweitert und zwar sagt er immer selbst, dass die zusätze nicht in dem ihm vorliegenden Aesop enthalten waren; so beginnt er z. b. mit einer beschreibung des hahnes, welche er mit den worten "as clerkis sayne" einführt. Aus dieser bemerkung geht klar hervor, dass an dieser stelle seinem autor Aesop nicht folgt, sondern dass ihm andere schriften vorgelegen haben. Ich glaube, dass bei der beschreibung des hahnes ihm ein werk Alexander Neckam's als quelle gedient hat. Derselbe, ein englischer geistlicher aus dem ende des 12. und anfang des 13. jahrhunderts (1157—1227), schrieb in lateinischer sprache eine naturgeschichte (de naturis rerum), welche das gesammte wissen jener zeit mit all dem aberglauben und den traditionen früherer jahrhunderte umfasste. Von dieser naturgeschichte in prosa verfasste Neckam auch eine paraphrase in versen unter dem titel: De laudibus divinae sapientiae.[1] Darin spricht er in der 'distinctio secunda' vom hahn in einer weise, die der schilderung Lydgate's ziemlich nahe steht. Es heisst dort vers 801 und ff.:

> Gallus adest cantu distinguens temporis horas,
>   Instinctu genii nunciat ore diem.
> Excitat a somno sese, se verberat alis,
>   Et cantu Scyllam praevenit ille suo.
> A mento pendent palearia tincta rubore,
>   Ornatus capitis crista decora rubet,
> Tibia munitur calcaribus, impetit hostem
>   Acrius, occursu proelia dira movet.

Nachdem der dichter 45 verse hindurch den hahn und seine eigenschaften ausführlich geschildert und ihn besonders wegen seiner wachsamkeit, seines mutes und seines gesanges gerühmt hat, geht er mit den worten "And as myn auctour remembrith bi writyng" (I,46) zur eigentlichen fabel über. Von hier an ist also Aesop seine quelle wieder. Nach einigen versen unterbricht er sich jedoch von neuem, um in einem längeren excurs über das laster des müssiganges zu sprechen, ebenso giebt ihm kurz darauf die erwähnung des kostbaren

---

[1] Veröffentlicht nebst der prosanaturgeschichte von F. Wright, London 1863, in der sammlung: Rerum Britannicarum Medii Aevi Scriptores.

steines, welchen der hahn findet, veranlassung, nochmals von
seiner vorlage abzuweichen, und über den "Jaconet stone" —
so heisst bei ihm der edelstein — zu sprechen. Hierbei erwähnt
er "Evax" und sein "lapidary", ein beweis, dass er das werk
des Marbodus oder Marbodaeus, "Liber lapidum seu de gemmis",
gekannt hat; in diesem buch werden von Marbodus 61 edel-
steine und ihre geheimen kräfte u. s. w. in poetischer form behandelt; voraus geht eine zuschrift des königs Evax an den
kaiser Tiberius.

Im ursprünglichen Romulus findet der hahn nicht einen
edelstein, sondern eine perle. Dasselbe ist der fall im erweiterten Romulus, trotzdem die fabel "de gallo et jaspide"
überschrieben ist; einen jaspis findet der hahn im Anonymus
Neveleti, einen kostbaren stein in der prosaischen glosse des
Aesopus moralisatus, "enen edelen stein" bei Gerhard, "enen
dieren steen" im niederländischen Aesop, "une chiere jame"
bei Marie, bei Lyegate endlich einen "Jaconet stone". Dieses
"Jaconet" ist wahrscheinlich zu ändern in "jaconce" oder
"jacounce" d. i. "jacinth" oder "hyacinth", ein edelstein, welchen
Marbodus in no. 14 seines "liber lapidum" behandelt. Dort
sagt Marbodus vom hyacinth, dass er die traurigkeit vertreibe,
sowie dass er aus Athiopien stamme; dasselbe berichtet Lydgate
vom "Jaconet stone".[1]

Die moral der ersten fabel lautet bei Marie de France:

> Autresi est de meinte gent,
> se tut ne vient a lur talent,
> cume dou coc e de la jame.
> vëu l'avuns d'ome e de fame:
> bien ne henor neent ne prisent,
> le pis prendent, le mielx despisent.

Die übereinstimmung derselben mit den versen I, 141—147
bei Lydgate ist schlagend. Im folgenden führt er die nutz-
anwendung noch weiter aus, er braucht noch 21 verse um
darzulegen, was man alles aus der fabel lernen kann. Der
ursprüngliche Romulus giebt die moral ganz kurz: Hec illis
Aesopus narrat, qui non intelligunt.

Die zweite fabel handelt vom wolf und lamm, welche bei
Phädrus und in dem ihm nahestehenden Wisseburgensis die

---

[1] In dem gedicht "The chorle and the Bird" spricht Lydgate ebenfalls von einem edelstein und bezeichnet ihn als "Jagunce".

erste stelle einnimmt. Lydgate beginnt nicht wie Romulus und
dessen bearbeitungen, selbst Marie nicht ausgenommen, mit der
fabel selbst, sondern er schickt eine einleitung voraus, worin
er den gedanken behandelt, dass der rechtschaffene oft vom
gottlosen zu leiden habe, und dass der schwächere dem
stärkeren stets unterworfen sei. Dass diese einleitung in seiner
vorlage sich nicht fand, oder dass sie dort wenigstens nicht
zur eigentlichen fabel gezogen war, geht daraus hervor, dass
er zu derselben mit den worten überleitet:

> Of whiche twayne Isopus in this booke
> Ful notambly this example toke.

Doch ist die einleitung auch nicht etwa eigene zutat Lydgate's, sondern der darin behandelte gedanke wird in seiner
quelle in einer art überschrift zur fabel enthalten gewesen
sein, ähnlich wie der Romulus und Wisseburgensis solche haben.
Im Romulus lautet sie in diesem falle: Aesopus de innocente
et improbo talem retulit fabulam; ebenso im Wisseburgensis,
doch ist sie hier zur fabel selbst gezogen, die infolge dessen eine
neue überschrift 'De lupo et agno' erhalten hat. Die vorlage
Lydgate's wird also entweder in ähnlicher weise überschrieben
gewesen sein, oder — und dies scheint mir wahrscheinlicher —
er wird eine der lateinischen fassungen gekannt haben. Keine
der anderen zu der gruppe gehörigen bearbeitungen, selbst der
erweiterte Romulus nicht, wenigstens wie er im Royal ms.
15 A VII vorliegt, haben ähnliche einleitungen oder überschriften, und auch in keiner der hss. Marie's sind solche zu
finden. Doch bin ich nicht der ansicht, dass Lydgate die im
Romulus gebrauchten überschriften für seine einleitungen benutzt hat, sondern dass ihm die prosaische paraphrase des
Aesopus moralisatus, welche ebenfalls solche einleitungen hat
und darin auch im grossen und ganzen dieselben gedanken
behandelt, vorgelegen hat.

Wie bereits erwähnt, ist die zweite fabel nicht vollständig
überliefert; es fehlt im ms. ein blatt, welches den schluss der
eigentlichen fabel und den anfang der moral enthielt. In dem
noch erhaltenen teil der moral führt Lydgate aus, dass das
verbrechen leicht zur gewohnheit werde, und dass ein böser
mensch sich kein gewissen daraus mache, einen unschuldigen
durch falsche anklage zu verderben; doch werde er seinen
verdienten lohn empfangen.

Auch in der nächsten fabel, wie überhaupt in den folgenden, schickt Lydgate eine einleitung voran. In der zur fabel vom hund und schaf spricht er über das laster des meineids: es gebe leute genug, die sich nicht scheuen, einen falschen eid zu schwören, um sich dadurch einen gewinn zu verschaffen; um dies zu beweisen, habe Aesop die folgende fabel geschrieben. Der hund ladet das schaf vor gericht, um von ihm ein brot, das er ihm einst geliehen haben will, wiederzubekommen. Zur bekräftigung seiner aussage hat er zwei zeugen, den wolf und die weihe, mitgebracht, die seine behauptung beschwören. Trotzdem das schaf seine unschuld beteuert, wird es verurteilt, das brot dem hunde zurückzuzahlen und muss, da es dies nicht vermag, seine wolle verkaufen. Im ursprünglichen Romulus ist hiermit die fabel zu ende; Marie de France, die niederdeutschen dichter sowie Lydgate haben sie erweitert. Als nämlich der winter herannaht, stirbt das schaf vor kälte, und der wolf und die weihe teilen sich nun in das fleisch. Bei Gerhard von Minden warten wolf und weihe jedoch nicht bis das schaf vor kälte umgekommen ist, sondern töten es sofort, um sich in das fleisch zu teilen. Insofern weichen noch Marie, Lydgate und die niederdeutschen dichter vom ursprünglichen Romulus ab, als sie nur zwei zeugen einführen, während dort deren drei auftreten; auch der Aesopus moralisatus führt drei zeugen an: miluus, vultur, lupus, und zwar im metrischen teil sowol als im prosaischen.

In der moral stimmt Lydgate mit Marie vollkommen überein, sie führen aus, dass die armen oft ungerecht vor gericht gefordert und durch falsches zeugnis zu grunde gerichtet werden, doch begnügt sich ersterer damit nicht, sondern spricht noch in sehr ausführlicher weise über das laster des meineids und des falschen zeugnisses. Welche quellen er dabei benutzt, führt an den verschiedenen orten selbst an, so sagt er vers 134 und 135:

To a false witnesse, record in Salamon
Prouerbiory III. thynges bien compared.

Es bezieht sich hier Lydgate also auf Salomon und zwar auf dessen sprüche 25, 18, wo derselbe einen, der wider seinen nächsten falsches zeugnis redet, mit einem spiess, einem schwert und einem scharfen pfeil vergleicht. Doch geht Lydgate wol nicht auf die bibel zurück, sondern benutzt auch hier, wie einige verse weiter unten, eine der schriften Robert Holkot's Dieser war ein englischer Dominikaner des 14. jahrhunderts († 1349), doctor und professor der theologie zu Oxford, der sich zu seiner zeit einer grossen berühmtheit erfreute. Besonders wurde er bekannt durch eine sammlung moralisierter stücke in lateinischer sprache — liber de moralisationibus oder de moralitatibus u. s. w. —, welche auf die entwicklung der Gesta Romanorum in England einen tiefgehenden einfluss ausübten. An dieser stelle bezieht sich Lydgate auf Holkot's 'liber in prouerbia Salomonis', worin er an verschiedenen stellen über das falsche zeugnis spricht; hier würde lectio 166 in betracht kommen: Jaculum et gladius et sagitta acuta homo qui loquitur contra proximum suum falsum testimonium etc. Weiter unten, vers 156, nennt Lydgate Holkot geradezu als seine quelle:

As writeth Holcot vpon sapience,

und noch einmal vers 174:

Holcot affermyth it, u. s. w.

Hier schöpft er aus dessen werk 'super libros sapientiae". Die betreffende stelle, der Lydgate übrigens genau folgt, findet sich dort im 14. cap., lectio 167 B, und lautet: "Circa perjurium est notandum. pro perjurus est multipliciter detestandus et specialiter propter tria. Est enim perjurus prodiciosus per infidelitatem quo ad deum. Injuriosus per falsitatem quo ad proximum et perniciosus per iniquitatem quo ad seipsum. Primo igitur perjurus est prodiciosus per infidelitatem quo ad deum. Proditio foret magna si ille qui haberet custodiam sigilli regii sigillaret literam pactionis quam rex maxime detestaretur et si hoc faceret de sigillo pape esset excomunicatus ipso facto brachio seculari tradendus. Nomen dei est nomen comissum nobis quasi quoddam sigillum ad testificandum veritatem et confirmandum etc.

Secundo perjurus est injuriosus per falsitatem quo ad proximum. Decipit enim judicem et spoliat jure suo bonae fidei possessorem etc.

Tertio perjurus est perniciosus per iniquitatem quo ad seipsum. Ille enim qui scienter perjurat manum libro superponit qui tangit euuangelium et illam diabolo commendat nisi dicat verum u. s. w.

Vers 204 sagt Lydgate, dass Aesop irgendwo verschwörer beschreibe und sie dort 'Arpies' nenne, doch findet sich weder im Romulus noch bei Marie eine stelle, wo dies der fall ist. In der nächsten fabel vom wolf und kranich weicht Lydgate sehr wenig von den übrigen fassungen und selbst vom Romulus ab. Nach einer kurzen einleitung über das laster der undankbarkeit (vgl. Aesopus moralisatus) erzählt er die bekannte fabel, wie der kranich dem wolfe einen knochen aus dem halse zieht, den versprochenen lohn aber nicht erhält, da er, wie der wolf sagt, schon dadurch genug belohnt sei, dass er glücklich der gefahr, bei der operation von ihm verschlungen zu werden, entronnen sei. Eine unbedeutende abweichung Lydgate's von Marie besteht darin, dass bei ihm die tiere bei einer grossen festlichkeit versammelt sind, als der wolf den knochen verschluckt, während dort die tiere erst vom wolfe versammelt werden, um sie in seiner not um rat zu fragen. Romulus weiss von einer tierversammlung überhaupt nichts. Ferner hat Lydgate einen zug, der sich in keiner bearbeitung wiederfindet, und der wol von ihm erfunden ist; der wolf wirft nämlich dem kranich vor, dass er beim herausziehen des knochens ihn verletzt habe und deshalb eine belohnung nicht beanspruchen könne.

Eine grosse ähnlichkeit zwischen Lydgate und Marie zeigt sich in der moral zu der fabel; sie lautet bei letzterer:

> Autresi est dou mal seignur,
> se povres hum li fet henur
> e puis demant le guerredun
> Ja n'en aura se maugrei nun,
> portant k'il soit en sa baillie
> mercier le deit de sa vie.

Ebenso spricht Lydgate über die undankbarkeit der reichen und vornehmen, für welche die armen wol arbeiten müssen, aber dafür keinen lohn erhalten. Bei Romulus lautet die moral nur: Parabola haec illos monet, qui volunt benefacere malis, während die des Aesopus moralisatus dieselben gedanken wie Marie und Lydgate behandelt.

Die fabel vom frosch und der maus wird von Lydgate ziemlich abweichend vom ursprünglichen Romulus dargestellt, sie erscheint nämlich bei ihm, im erweiterten Romulus, bei Marie und Gerhard von Minden in beträchtlich erweiterter gestalt. Nach der üblichen einleitung, worin derselbe gedanke

wie in der des Aesopus moralisatus ausgeführt wird, dass
nämlich, wer darnach strebt, seinen nächsten zu betrügen, der
strafe nicht entgehen wird, erzählt unser dichter, wie eines
morgens der frosch bei einem spaziergang von der maus,
welche er vor ihrer wohnung trifft, eingeladen wird, einige
zeit bei ihr zu verweilen. Der frosch nimmt die einladung
an und wird von der maus nach kräften bewirtet. Als nun
letztere ihr ruhiges und gemütliches leben in der mühle preist,
nimmt Lydgate gelegenheit, in einem längeren excurs darzulegen, dass armut in zufriedenheit besser sei als reichtum
in sorge und not. Hierbei bezieht er sich wieder auf einen
ausspruch Salomo's (sprüche 17, 1), doch hat er auch hier
wahrscheinlich wieder Holkot benutzt, der in lectio 119 und
lectio 124 seines werkes 'in prouerbia Salomonis' über dieses
thema handelt. Die maus macht dem frosch nun den vor-
schlag, die nacht über bei ihr zu bleiben, was dieser jedoch
mit dem bemerken, dass bei ihr gar nicht für einen trunk
gesorgt sei, ablehnt und seinerseits die maus einladet, ihn in
seine wohnung jenseits des flusses zu begleiten, dort gebe es
wasser die hülle und fülle. Beide machen sich nun auf den
weg und gelangen an den fluss. Hier beginnt erst eigentlich
die fabel, so wie sie sich im Wisseburgensis, Romulus, Anonymus Neveleti etc. unter dem titel "mus et rana" findet,
Diesen der eigentlichen fabel vorangehenden teil haben ausser
Marie und Lydgate, welche hier vollständig übereinstimmen,
auch der erweiterte Romulus und, demselben sich eng an-
schliessend, Gerhard. Doch weichen die beiden zuletzt genannten
fassungen insofern von den ersteren ab, als in ihnen der frosch
selbst um ein nachtquartier bittet und nicht von der maus
eingeladen wird. Im übrigen teile der fabel stimmt Lydgate
auch vollkommen mit Marie überein. Was die erweiterung
der fabel angeht, so lässt sie sich erklären, wenn man ein
zusammenschmelzen zweier annimmt, und zwar ist ganz klar,
dass hier der erste teil der fabel von der stadtmaus und der
feldmaus (Rom. I,12) vor die von der maus und dem frosch
geraten und von einem abschreiber mit derselben geschickt
zusammengearbeitet worden ist, indem er aus der stadtmaus
den in der andern fabel neben der maus vorkommenden frosch
machte. Es war in diesem falle eine verwechslung um so
leichter, als in beiden fabeln die maus eine rolle spielte. In

der fabel von der stadtmaus und der feldmaus macht erstere
einen spaziergang und wird von letzterer zu gaste geladen,
worauf diese wieder von der stadtmaus eingeladen wird, sie
in ihrer wohnung zu besuchen. Beide fabeln entsprechen sich
also im ersten teile vollkommen, wenn man nur an stelle der
stadtmaus den frosch setzt. Ein beweis, dass abschreiber oder
bearbeiter beide . fabeln ihres ganz gleichen anfanges wegen
verwechselten, ist die überschrift Gerhard's über der fabel vom
frosch und der maus; dieselbe lautet: Van der dorpmus unde
veltmus. Auch der excurs Lydgate's über das lob der armut
findet seine erklärung, wenn man eine solche verschmelzung
annimmt, indem nämlich dieses thema in der fabel von der
stadtmaus etc. behandelt wird, es heisst dort: melius est possi-
dere pauca cum securitate et libere quam multa cum servitute
et timore (Aes. mor.). Gerhard und der erweiterte Romulus
haben einen solchen excurs nicht; bei Marie spricht die maus
ihre zufriedenheit mit ihrer lage aus mit den worten:

> Amié,
> Pieça k'en ai la seingnorie;
> Bien est en ma subjectiun,
> Quant ès pertuiz tut envirun,
> Puis herberegier è jur è nuit
> Joer è fère mun deduit.

Die verschmelzung der beiden fabeln muss schon sehr
frühe und zwar schon in jener nicht erhaltenen englischen
sammlung, welche Alfred zugeschrieben wird, vor sich gegangen
sein, da sich die erweiterung in allen den fassungen findet,
welche auf eine frühere englische übersetzung hinweisen.

Lydgate berichtet nun weiter, wie sich der frosch und
die maus bereit machen, über einen fluss zu schwimmen, wie
der frosch die maus, welche nicht schwimmen kann, mittelst
eines fadens an seinen fuss befestigt und mit ihr ins wasser
springt, dabei sich aber bemüht, sie recht in bedrängnis zu
bringen. Das ende der fabel wird von Marie de France und
Lydgate wesentlich anders berichtet als im erweiterten Romulus
und von Gerhard. In letzteren ist der ausgang folgender: ein
raubvogel erblickt die maus, erfasst sie und mit ihr den
frosch und frisst beide auf; in ersteren dagegen entkommt
die maus, und der frosch allein geht zu grunde. Marie de
France sagt III, 73 und ff.:

Un Escoufles aleit volant
Vit la Soriz si haut pipant,
Ses éles clost, à vaul descent,
Li et la Raine ensanble prent,
Andeus furent au fil pendanz.
La Raine fu corsue et granz;
Li Eschofles par cuveitise
La Soriz lait, la Raine ad prise,
Mengiée l'ad è dévourée,
È la Suriz est délivrée.

Die betreffende stelle lautet bei Lydgate:

And in this while a kyte, or they toke heede,
Raught hem both vp hangyng by the threede.
Fatte was the frossh, the mowse sklendre and leene,
The frosshe devoured because of his fatnesse,
The threde to brak, the mowse fille on the grene,
From deth he skapid.

Was den raubvogel angeht, so wird er im ursprünglichen Romulus bezeichnet als weihe (milvus) und ebenso bei Marie (eschofles) und Lydgate (kyte); dagegen ist er im erweiterten Romulus ein adler, bei Gerhard ein 'stokarn' d. i. ein stossadler. Auch hier zeigt sich also die übereinstimmung Lydgate's mit Marie, während Gerhard dem erweiterten Romulus folgt.

In der moral stellt Lydgate die undankbarkeit als das ärgste laster hin und schliesst, wie Marie, mit dem gedanken, dass, wer anderen eine grube gräbt, oft selbst hineinfällt.

Zeigte die ebenerwähnte fabel eine bedeutende erweiterung, so ist in der folgenden eine kürzung zu constatieren. Es ist dies die fabel, welche Oesterley bezeichnet als 'zwei sonnen, dieb'; bei Phädrus trägt sie den titel 'ranae ad solem', bei Boner 'von einem diebe der kam zu der ê'; im Anonymus Neveleti 'de fœmina et fure' u. s. w. Romulus erzählt, wie ein dieb hochzeit feiert; ein weiser, welcher gerade dazukommt, tadelt eine solche ehe, da daraus nur wieder diebe entspringen würden, und erzählt als beleg für seine behauptung die fabel von der sonne, welche sich ein weib nehmen wollte. Lydgate und Marie haben eine solche diebeshochzeit nicht, sie bringen nur die eigentliche fabel, wie sie der weise im Romulus erzählt; Gerhard dagegen berichtet von einer solchen. Nach Oesterley hat der erweiterte Romulus (Göttinger cod.) ebenfalls die diebeshochzeit nicht, wenigstens bezeichnet er die fabel als 'zwei sonnen, ohne dieb'.

Eine einleitung fehlt auch hier bei Lydgate nicht, und zwar spricht er darin ganz kurz über das laster der tyrannei. Die fabel selbst enthält verschiedene zutaten von seiner eigenen hand, so die hereinziehung der Parzen, die einführung Theophrast's als schiedsrichter u. s. w.; gab ihm doch gerade diese fabel gelegenheit, mit seiner gelehrsamkeit zu glänzen. Phöbus kommt auf den gedanken sich zu verheiraten und legt seinen plan der götterversammlung vor; diese kommt zu keinem entschluss, bis endlich ein weiser philosoph, Theophrast[1], gegen die verheiratung spricht, weil zwei und mehr sonnen die erde verbrennen würden.

In der moral sagt Lydgate, dass ein tyrann schon genüge, um ein land unglücklich zu machen, mehrere jedoch würden es vollständig zu grunde richten. Hierin stimmt er auffällig mit Gerhard und Aesopus moralisatus überein; letzterer sagt an der betr. stelle: Ista fabula docet, quo melius est habere unum principem quam plures. nam si plures sint, quilibet sibi vindicat servitium et honorem, quibus sufficere nequeunt subditi, et illis quo honore discortantibus nescit populus, cui adhaereat vel sub quo tutius vivat. Marie stimmt ebenfalls in der moral mit Lydgate überein; sie sagt:

Ainsi ehasteie li plusor
Ki seur eaus mettent mal signors,
Ki ne les deivent enforcier,
N'a a plus forz d'eaus acompaignier
Par lur sens, ne par lur avoir;
Mis desturbier a lur pooir;
Cum plus est fort e pis lur fait
Tuz-jurs lur est de mal agait.

In seiner letzten fabel vom hund und schatten hält sich Lydgate sehr kurz. Die einleitung handelt über das laster der habsucht; im übrigen folgt er ganz den andern fassungen. Gleichwie bei Gerhard und Marie hat der hund nicht ein stück fleisch, sondern einen käse im maule. Die moral ist in allen bearbeitungen dieselbe; sie behandelt den gedanken, dass, wer alles zu besitzen wünscht, oft auch noch das verliert, was er schon hat.

Es ist jedenfalls unschwer zu erkennen, dass die Aesopübersetzung Lydgate's ein ausfluss des Romulus und zwar ein

---

[1] Chaucer führt in den Canterbury Tales (Marchantes Tale v. 9170) auch Theophrast als autorität in hei atsangelegenheiten an.

mittelbarer ist, sowie ferner, dass sie zu der gruppe von bearbeitungen gehört, zu welcher die französische der Marie de France, die beiden niederdeutschen, der erweiterte Romulus und der Aesopus moralisatus zu rechnen sind, zu einer gruppe, welche sowol durch die zahl der fabeln als auch durch eine breitere ausführung der einzelnen erzählungen von dem alten Romulus wesentlich abweicht.

Ferner aber hat Lydgate mit Marie de France eine anzahl, wenn auch meist unbedeutende, momente gemeinsam, die in den übrigen fassungen gar nicht erwähnt oder in anderer weise berichtet werden, so dass ein naher zusammenhang beider versionen nicht zu verkennen ist. Diese punkte kurz noch einmal zusammengestellt sind:

1. Die wörtliche übereinstimmung in den anfangsversen des prologs;
2. Beide erwähnen im prolog die englische übersetzung des königs Affrus nicht;
3. Beide kennen Aesop nicht mehr als griechischen dichter.
4. Der gleiche übergang zur ersten fabel;
5. Die übergehung der fabel vom löwenteil;
6. Die übereinstimmung in der moral der ersten fabel.
7. Die übereinstimmung in der moral der dritten fabel.
8. Der frosch wird von der maus eingeladen, V,92.
9. Die maus spricht ihre zufriedenheit über ihre bescheidene wohnung aus, 5. fabel;
10. Der frosch nur wird von dem raubvogel getötet, die maus entkommt, 5. fabel.
11. Der raubvogel wird als weihe bezeichnet, fabel V.
12. Die kürzung der sechsten fabel.

Diese gemeinsamen momente zwingen zu der annahme, dass entweder Lydgate und Marie eine gemeinschaftliche vorlage gehabt haben, welche die englische fabelsammlung des königs Alfred sein müsste, oder dass Lydgate die französische version Marie's als quelle gehabt hat. Die erstere annahme ist schon deshalb zu verwerfen, weil Lydgate 'übersetzen' will, ihm also eine englische quelle nicht vorgelegen haben kann, und es bleibt nur die zweite ansicht übrig, dass Marie die quelle Lydgate's war. Dies ist ganz wahrscheinlich, wenn man bedenkt, dass Lydgate im übrigen häufig aus dem Französischen übersetzt und auch die werke der Marie de France gekannt hat, deren 'Lai des deus amanz' er ins Englische übertrug.

Seiner quelle folgt Lydgate bei erzählung der eigentlichen fabeln ziemlich getreu; abweichend zeigt er sich im grossen und ganzen darin, dass er den einzelnen fabeln besondere einleitungen giebt, die er wahrscheinlich einer der lateinischen sammlungen entnommen hat, und hauptsächlich in der breiteren ausführung der nutzanwendungen.

Werke, aus denen der verfasser zwar keinen erzählungsstoff, wol aber eine sentenz oder eine notiz entlehnte, um sie in seinen fabeln zu verwerten, sind:

1. Alexander Neckam's 'De laudibus sapientiae divinae', bei der beschreibung des hahnes;
2. 'Liber lapidum' des Marbodus, bei beschreibung des edelsteins, fabel I;
3. Nach seiner eigenen angabe 'Super libros sapientiae' des Robert Holkot; fabel III;
4. Die 'proverbia' des Salomo, die er, ebenfalls nach seiner eigenen angabe, an verschiedenen stellen benutzt.

Ausserdem scheint es mir, dass unserem dichter auch öfters alte homilien stoffe für seine moralisierenden auslassungen geliefert haben; in einer solchen, 'De sancto Andrea'[1], z. b. ist eine stelle, an welcher in ganz ähnlicher weise wie bei Lydgate III,₁₁₂ ff. und IV,₅₇ ff. über die bedrückung der armen durch die reichen gesprochen wird; eine stelle findet sich bei Lydgate fast wörtlich wieder. Dieser passus aus 'De sancto Andrea' lautet: Item in mari pisces majores deuorant minores. Eft-sone þe more fishes in þe se eten þe lasse and bi hem liuen. Swo don in þis woreld þe riche þe ben louerdinges struien þe wrecche men þe ben underlinges. and naðeles bi hem libben. and habbeð of here swinche hundes. and hauekes. and hors. and wepnes u. s. w.

Von Lydgate's eigener hand sind die beispiele aus der mythologie und alten geschichte, die astronomischen bemerkungen, kurz alle in den fabeln enthaltene gelehrsamkeit.

---

[1] Befindet sich unter den von Morris veröffentlichen "Old English Homilies", vol. II, no. 29.

ISOPOS FABULES.

1. Prolog.

Wysdom is more of pris than gold in cofres
To theym, that have savour in lettrure,
Old examples of prudent philosophres
Moche availith to folke, that don her cure
5 To serchen out lyknes of nature,
In whiche men myght consayve and clierly se
Notable sentences of grete moralité.

Vnto my purpos this poyet laureat,
Callyd Isopos, did hym so occupy,
10 Whylom in Rome, to please the senat,
Founde out fabules, that men myght hem apply
To sundry matiers, that echman in his party,
After theyr lust to conclude in substaunce,
Dyuers moralités set out to theyr plesaunce.

15 Som of bestis, of foulis, and of fyssh,
This Isopos found out examples playne.
Wher siluer faylith, in a pewter dissh
Royal deyntes bien oft tymes sayne;
And, semblably, thus poyetes certayne
20 In fabules rude included grete prudence,
And moralités, ful notable of sentence.

Vnder blak erth bien pricious stones founde,
Riche saphyrs, and rubyes, ful royal;
And who, that myneth lowe in the grounde,
25 Of gold and siluer fyndith the myneral
Perlis white, cliere, and oriental,

23 *hs.* Rubyes   25 *hs.* Myneral.

Bien oft founde in muskle shellis blake:
So out of fabules grete wisdoms men may take.

For whiche I cast to folwe this poyet*e*,
30 And his fabulis in Inglyssh to translate,
Although I have no rethoryk swete;
Have me excused, I was born in Lydegate;
Of Tullius gardyn I entrid nat the gate,
And cause why? I had no licence
35 There to gadre floures of eloquence.

Than I can forth I wil procede,
In this labour I wil my foile dresse,
To do plesaunce to theym, that shal it rede
Requyreng hem of verray gentillesse,
40 Of theyr grace to pardon my rudenesse,
This compilacioun for to take at gre,
Whiche, theym to please, translated was by me.

And if I faile, bi cause of ignoraunce,
That I erre in my translacioun,
45 Lowly of hert and feythful obeisaunce
I me submyt to theyr correccioun
To theym, that have more cliere inspeccioun
In matiers, that touchen poyetry,
And to reforme, that they me nat deny.

50 And as myn auctour at the Cok begynne,
I cast me to folwe hym in substaunce,
Fro the trowth in sentence nat to twynne,
As god and grace wil gyf me suffisaunce,
Compile this qwayer for a remembraunce
55 To the reders, here after may be founde
The thank therof fully to rebounde.

2. Vom hahn und edelstein.

The Cok hath of kynde a crest rede,
Shape like a crowne, token of grete nobles*se*,
By whiche he hath, while it stondith on his hede,
As clerkis sayne, corage of hardynesse
5 And of his berd malencolyk felnesse;
About his nek, by marcial apparaile,
Nature hath yeve hym a stately aventaile.

31 *hs.* Rhetoryk 32 *hs.* lydegate *Die verse* 31—35 *finden sich fast wörtlich wider bei Chaucer, Canterbury Tales, prolog zu Frankeleyne's Tale, sowie am anfange des 'Court of love'.* 43 *hs.* Ignoraunce.

This hardy foule, with brest and voyce ful cliere,
Most triewly kepith the tydes of the nyght;
10 Of custom named a comvne astrologere,
In thropes smale to make hertis light,
With spooris sharp, enarmed for to fight,
Like a champioun, justly to intende,
As a prowde capitayne, his broode for to defende.

15 He betyng his wynges aforn or he do syng,
Therwith sluggy hertis out of theyr slepe to wake,
Whan sulphur toward the dawenyng
Lowtith to the oryent, whan he hath the west forsake,
To chase away nyghty clowdis blake,
20 Toward Aurora this fowle, ho that takith kepe,
Biddith folk ageyn to wake out of theyr slepe.

Voyce vigour callyng thryes in nombre,
With trebled laudis yeve to the trynité
Slewth avoidyng clepith folk out of slombre,
25 Goode hope repayreth to al, that hevy be,
Comfortith the syke in theyr infirmyté,
Causith marchauntis and pilgrymes to be glad,
The thevis swerd hid vnder the shad.

Callyd the profete of yowre alther gladnesse,
30 Embassiatour of Phebus fuyry light,
Whiche puttith away by musical swetnesse
The owgel blaknes of the derk nyght,
For whiche me semyth, I shuld of diew right
For thre causis preferre this fowle among.
35 For waker kepyng, for hardynes, and for song.

This fowle is waker agenst the vice of slowth,
In vertu strong and hardy as a lyoun,
Stable as a centre on a grounde of trowth,
Agayn al vices the mortal champioun;
40 And with the twnes of his melodious sowne
He gevith ensample, that we oure self shuld ease
That day and nyght we the lord shuld please.

And for be cause his brest is strong and cliere,
On his typtoun disposed for to syng,
45 These poetis callith hym chaunticlere;
And, as myn auctour remembrith bi writyng,
Whilom this fowle in a glad mornyng

10 *hs.* Astrologere   23 *hs.* Trynite   26 *hs.* Infirmyte   30 *hs.* phebus.

4*

Rejoysed hym, agayne the sonne shene,
With al his folke to walke vpon the grene.

50   He was first busy to broke his fast
With his wyfes about hym euerychone,
On a smal dunghill, to fynde a goode repast,
Gan to scrape, and sporn, and fast about to gone;
Hid in the dunghill he founde a Jaconet stone.
55 Yit his labour and his besy cure
Was for nat ellis but for his pasture.

He gave examples, whiche gretely may advaile,
As he was taught only by nature:
To avoyde slewth bi diligent travaile,
60 By honest labour his lyflode to procure,
For who wil travaile, he labour must endure,
For ydelnes and froward necligence
Makith sturdy beggers for lak of theyr dispence.

Losengeours, that feelen hem self strong inough,
65 Whiche have savour in slewth and sluggardy.
Had lever begge, than go to plowgh,
Dygge or delve, than hem self occupy.
Thus idelnes causith al robry
In vagabundis peple, that to and fro doth wende,
70 For theft arrested at Tyborn makith an ende.

They bien no men, but folkes bestial,
Voyded of reasoun, only for lak of grace,
Whiche etith and drynkyth, and labourith nat at al.
The Cok was besy his lyvelod to purchace,
75 The longe day in many dyuers place,
Hym and his broode only to fostre, in trowth,
And suche folke to rebuken, that levyn in slombir and slowth.

Vertu begynnyth at occupacioun,
Vices alle proceden of idelnesse;
80 Vnto thefes, founders, and patroun,
As thrift comyth of vertuous besynesse,
So myschief of slewth is chief maystresse;
Thus idilnes cawsith folk, in deede,
To wast theyr dayes in myschief and in nede.

85   With scrapyng and spornyng al the long day
The Cok was busy hym and his broode to feede,

<hr>

54 *hs.* jaconet 56 *hs.* Was nat for nat ellis but for his pasture. 64 *hs.*
I nowgh 68 *hs.* Idelnes 70 *hs.* tyborn 79 *hs.* Idelnes 83 *hs.* Idilnes.

Founde a Jaconet, whiche in the dunghill day,
A riche ston, and a precious, in dede,
As I rede, of whiche stone, whan he toke hede,
90 Stynt a while, til sodainly al abrayde,
Vnto the ston evyn thus he sayde:

'Who that knewe the nature of thy kynde,
And al thy propirtés, whiche of the bien told,
A jewler, if that he myght the fynde,
95 Wolde for thy vertues close the in gold.
Evax to the yevith praisyng many fold,
His lapidary berith opinly witnesse:
Agaynst sorw and woo thow bryngest in gladnesse.

The best Jaconet in Ethiope is founde,
100 And is of coloure like the zaphir ynde;
Comfortith men, that lith in prisoun bounde,
Makith men stronge and hardy of theyr kynde,
Contract synewes the Jaconet doth vnbynde;
Yit for al thy vertuous excellence
105 Bitwene the and me is no convenyence.

For me thow shalt in this place abide,
With the I have litel or nought to done;
Lete these marchauntis, that gon so ferre and ride,
Trete of thy valu, whether it be late or sone,
110 Late hem deme, how the cherol cam first in the mone,
Of suche mysterie I can take but litel kepe,
Me list nat to hewe chippes ouer myn hede.

Precious stones longgith to jwellers
And to princis, whan they list to be sayne;
115 To me more deynte is in barnes or in garners
A litel reward of corne or of goode grayne
To take; this stone to me it were but veyne,
I fet more store, I have it by nature,
Among rude chaffe to scrape for my pasture.

120 Lyke as folkes of reliques have deynté
And theron set a valu or a prise,
Like as matiers, profound and secré,
None shuld nat without grete advise
Be shewid in opyn to hem that be nat wise,
125 For a wise man in wisdom hath delite,
Right so a foole of doctryne hath dispite.

57, 99, 103 hs. Iaconet; ist wol zu ändern in Iaconce = Iacinth.
94 hs. Iewler; If   98 hs. Ingladnesse   113 hs. Iwellers   125 hs. wiseman.

Gold and stones bien for a kynges hede,
Stiele is tried for plates and armure,
To covir chirches covenable is lede,
130 Bras for bellis, irn strong to endure.
Thus euery thyng folwith his nature,
Princis to reygne, knyghtis for bataile,
Ploughmen for tilth, shippes for to saile.

The hart desirith to drynk of cristal wellis,
135 The swaune desirith to swymme in large rivers,
The gentil faweon, with jessis and riche bellis,
To cacche his pray like to his desires,
And I with my broode to scrape in corngarners;
Precious stones nothyng doth appartene
140 To gees, ne ganders, nor fowles, that pasture on the grene.

Of theyr nature, as folkes bien disposed,
Dyuersly they make theyr cleccioun,
Double of vertu the saphir in gold closed
Eche man chesith like his oppynioun.
145 Oon chesith the best of wisdom and reasoun,
And another his ien bien so blynde,
Chesith the werst, the best abidith behynde'.

Though this fabul be boystous and rural,
Ye may therin conceyve thynges thre:
150 How diligence in especial
Hath agenst slowth caught the soueranté;
And, where free choyse hath his liberté,
Chesith the worst, in ernest or in game,
Who but hym self is therof to blame?

155 Who folwith vertu, vices doth eschewe,
Who chesith best, to myn oppynioun;
The Cok dempt to hym it was more diewe
Smal symple grayne, than stones of grete renoun,
Of al tresour chief possessioun;
160 Suche as god sent eche man take at gree,
Nat prowde with riches, nor grucche in pouerté.

The worldly man labourith for richesse,
And on the world he settith al his intent;
The vertuous, to avoide al idelnesse,
165 With suffisaunce holdith hym self conteut;
Eche man therfor with suche, as god hath sent,

130 *hs.* Irn   136 *hs.* Iessis   146 *hs.* Icn   164 *hs.* Idelnesse.

Thank the lord, and in vertu kepe hym stable,
Whiche is conclusioun of this lite fable.

Here endith the tale of Isope, how that the cok founde a Jacouet stone
in þe dunghill.

The secunde tale of Isopos.

3. Vom wolf und schaf.

Right as atwene tourment and delices
There is in kynde a grete difference,
Right so atwene vertuous lyf and vices
There may be no just convenyence,
5 Malice ful contrary to providence,
And philosophers bi writyng berith record,
Atwene frowde and trowth may be none accord.

Atwene rancour and humble pacience
There is in nature a grete divisioun;
10 A sely sheepe may make no resistence
Ageyne the power of a stronge lyoun;
A dwerf to fight with a grete champioun
Were to fieble in field to endure,
Be liknesse of reasoun and ageyne nature.

15 Grete pikes, that swymme in large stiwes,
Smal fyssh most felly they devoure,
Who hath most myght, the fiebler gladly sues,
The poore hath for his partye no socoure;
The ravenous wolf vpon the lamb doth lowre,
20 Of whiche twayne Isopos in this booke
Ful notambly this example toke.

The lamb *and* the wolf, contrary of nature,
Ever dyuers, and nat oon thay thynk;
But attones of sodayne aventure
25 To a fressh ryver they cam downe to drynk.
At the high spryng, aloft vpon the brynk,
Stondith the wolf, a frowarde best of kynd,
The cely lamb stoode fer abak behynd.

Who that is troward of condicioun
30 And disposed to malice and outrage,
Can soone seeke and fynde occasioun
To contryve a quarel for to do damage;
And, vnto purpos, malicious of corage

4 *hs.* lust.

The furious wolf out with his venym brak,
35 And evyn thus to the lamb he spak:

'Like thy fadir thow art false and double,
And hym resemblest of disposicioun;
For he was wont my watch here to trowble,
To move the thike, that lay low downe,
40 That I myght have no recreatioun
To drynke my fill of watar pure and clere,
He was so contrary to trouble this ryvere.
[Fehlt ein blatt in der hs.]

The cely lamb is spoyled to the bonys,
The wolf goth fre, whether it be right or wrong;
45 Whan a jurrour hath caught savour ones
To be forsworn, custom makith hym strong,
'Si dedero' is now so mery a song,
He hath a practis bi lawe to make a preef,
To hange a triew man and save an errant thief.

50 With empty handis men may no hawkes lure,
Nor cacche a jurrour, but if he gyf hym mede,
The poore pletith what is his adventure,
Voyde purse causith he may nat spede;
The lamb put bakke, the wolf the daunce doth lede;
55 Different betwene these bestis tweyne
Causith Isopos this fable for to sayne.

The wolf is likened to folkes ravenous,
The sely lamb resemblith the poraile,
The wolf is gredy, fel, and dispitous,
60 The lamb content with gras for his vitaile.
They ded both; the wolf may nat advaile,
But only for houndys careyn most corrumpable,
The lamb vp served at the kynges table.

As men deserven they receyven her gwerdoun:
65 Vnrepentaunt the tyraunt goth to helle,
The pore man with his smal possessioun
Vertuously liveth, and doth in the erth dwelle,
Content with lytel doth triewly by and selle,
And of hole hert can love god and drede;
70 Whan he goth hens, hath heven for his mede.

To encrese vertu and vices to confounde
Example here shewed of grete diuersité;

35 *hs.* Ande   45, 56 *hs.* Jurrour   49 ancrant   55 *Für* different *ist wol zu lesen* differcnce.

By Isopos this fable I founde,
Whan he reherced, toforn as ye may se,
75 The wolfis felnes, the lambes propirté;
The lamb commendid for natural mekenes,
The wolf rebuked for ravenous felnes.

Here endith the secunde tale of Isope declaryng, how the wolf founde
agenst the lamb a quarel.

Here begynneth the .III. fabul of Isopos.

4. Vom hund und schaf.

The world made dyuers by froward folkes tweyne:
By a false jorrour and a fals witnesse,
Orible monstres, enbraced in a cheyne,
Trowth to assaile and grevously t'oppresse,
5 Whiche, for to eclipse the light of rightwisnesse,
Bien nat aferd, with hand put forth aforn
Vpon a booke, falsly to be forsworn;

With cancred lippes and with tunge double
Atwene right and wrong, that wiln forth procede
10 Rightwis causes, to transgres trouble,
To bien forsworn vpon a booke for mede,
Of conscience they take so litel hede,
Whiche thynges to preve by example notable
Of old date Isopos wrote this fable.

15 Havyng this consait and set it for a ground,
By a maner liknes rehersyng in sentence,
He writeth, that ther was whilom a grete hound,
Whiche to a quarel by hateful violence
Agenst a sheepe, symple and innocence,
20 Whiche stoode alone, voyde of al refuge,
Constrayned bi force to apper aforn the juge.

Agenst the sheepe, quakyng in his drede,
Withouten support of any proctour,
This ravenous hound thus wrongely gan procede,
25 His tale aforsyng like a false jurrour,
How he had lent the sheepe, his neyghbour,
A large lofe his hunger to releve,
And as he was redy by lawe for to preve.

And his quarel more to fortefye,
30 The sely shepe to bryng in distresse,

1 *hs.* Iorrour   5 *hs.* Eclipse   7 *hs.* Vupon   19 *hs.* Innocence
21 *hs.* Iuge   25 *hs.* Iurrour.

He affermed it and falsly did lye,
Towchyng his loff, that he of kyndenesse
Toke it the sheepe, whan he stoode in distresse
Of mortal hunger, whan plente dide faile,
35 Likly to dye for lak of vitaile.

Straitly requyreng the juge in this matiere
To yeve hym audience and to do hym right,
By apparence shewyng ful sad chiere,
As though he ment no falsnesse to no wyght.
40 The sely sheepe, astonyed in his sight,
Stoode abasshed, ful like an innocence,
To help hym self cowde fynd no diffence.

Towchyng the loff, requyred by the hound,
With humble chiere the sheepe did it deny;
45 Sothly affermyng, levyng on this ground,
Vnto his day, he neuer on no party
No loff receyved, and loth he was to ly,
Prayeng the juge, that he myght frely gone,
For other aunswer plainly cowde he none.

50 Quod the juge: 'The lawe thow must abide,
Til ther be yoven sentence of jugement;
I may no favour do to nowther side,
But atwene both stande indifferent,
As rightful juge of hert and hole intent,
55 Til I may se by lawe to make me strong,
Whiche of the partyes have right or wrong'.

The lawe first founde on a triew grounde,
May nat declyne from his stabilnesse;
The juge abraidyng axed of the hounde:
60 'Hastow', quod he, 'record or witnesse
This douteful cause to set in sikernesse,
For to stynt al contrauersy
Be triewe report of suche, as wil nat ly?'

The hound answerd: 'My cause is iust and triewe,
65 And my self in lawe here for to aquyte,
I have brought two, that the couenant knewe:
The faithful wolf, in trowth, that doth delite,
And with hym comyth the gentil foule, the kyte;
Chose for the nonce by report of theyr names,
70 As folke welc knowe, that dredith sclaunder and shames.

36 *hs.* Iuge   41 *hs.* Innocence   48, 50, 54, 59 *hs.* Iuge   51 *hs.*
Iugement.

To offende trewth the wolf doth gretly drede,
He is so stidefast and triew of his nature;
The gentil kyte hath refused al falshede,
He had lever grete hunger to endure,
75 Lovyng no raveyn vnto his pasture,
Thanne take a chykken, by record of writyng,
To his repast or any goselyng'.

The hound, to acomplish th' end of his entent,
Agayn the sheepe to susteyne his partye,
80 Witnesse tweyne brought in jugement:
The wolf *and* the puttok, that were ful loth to lye,
And for to stynte the contrauersy*e*
Of this matier, they vpon hem toke
To lay theyr hondis boldly vpon a booke.

85 Mote they be hanged on high by the halse,
Be cawse they swore wetyngly vntriewe,
The hound wele wiste his playnt was false,
The sheepe condempned, tristy and pale of hewe,
The twey witnesse, albe it they ne knewe
90 The matier false, rehersed here to forn,
Yit drad they nat falsely to be forsworn.

Thus al thre were false by oon assent,
The hound, the wolf, and the cursid kyte.
The sheepe, allas, though he were innocent,
95 By doome compelled, as Isopos doth write,
To pay the loff, his dettis to acquyte;
Thus constrayned, the lawe dide hym compelle,
At grete myschief his wynter flees to selle.

The ram of Colchos bare a flees of gold,
100 Whiche was conquered manly by Jason;
But this sheepe, whan he his flees hath sold,
With cold constrayned, *whan* wynter cam vpon,
Deyd at myschief, socour had he none;
Be twene the wolf and the puttok, that nought were lost in veyne,
105 As myn auctour sayth, parted was the kareyne.

The sheepe thus deyd, his body al to rent,
The ravenous wolf the kareyne did assaile,
The hound recouered his part by jugement;
The false kyte cast hym nat to faile,
110 To have a repast vpon his adventaile.

80 *hs.* Iugement.

Thus in this world by extorcion veriliche
Poore folk be devoured alwey by the riche.

By examples in stwes, long and large,
Of grete fissh devoured bien the smale,
115 Hardy is the bote, that stryvith agenst the barge,
To ouerpresse a pore man the riche set no tale,
A cloth sakke stuffid shame it is to pike a male.
What nedith the see to borwe of smale rivers,
Or a grete barne to borow of strait garners?

120 Al suche outrages and inconveniences
Takith origynal of pillage and ravyne;
An extorcioner, to amend his expences,
Can make the poore to bowe and declyne.
Lierne this prouerbe, founde of old doctryne:
125 Suche as have no conscience of nomaner wronges,
Of other mennys leder can kut ful large thonges.

The shepe is ded, the puttok hath his part,
Joynt from joynt the wolf hath rent a sunder;
The hound by dome recouered hath his part;
130 Suche false practik is vsed here and yonder;
The fiebler playneth, and that is litel wonder,
Al suche raveyne on poraile to theyr distresse
Beganne at false jurrours and at false witnesse.

To a false witnesse, record in Salamon,
135 Prouerbiory .III. thynges bien compared:
A shrewd dart, an hoked arow is oon,
Al for the werre as it is declarid,
Yit vnder trety somtyme they be spared,
But a false witnesse hath his avauntage
140 With mowth infect alwey to do damage.

Agayne sharpe quarels helpith a pavice,
Agayne arowes may be made defence,
And though a swerd be riche and of grete price,
Somtyme he sparith for to do offence,
145 But a false jurrour, by mortal violence,
Nat only causith men her bloode to shede,
But makith hem lese theyr lyf and goode for meede.

Ageyne verray poyson ordeyned is· triacle,
As auctours sayne, by craft of medicyne,

150 But ageyn a jurrour there were no bettir obstacle,
Than to geld hym yong, hys venym to declyne,
That no false braunche myght spryng of his lyne;
For the nombre suffisith only of .II. or .III.
To enfecte a shyre or a grete contré.

155 It is remembred by record of auctours,
As writeth Holcot vpon sapience,
How ther folwith .III. incomoditees
Of false forsweryng ageyn conscience.
First rehersith this auctour in sentence:
160 Vpon a booke whan a false jurrour
Forswerith hym self, he is to god a traytour.

There vpon, this matier to conclude,
That false forsweryng is to god treasoun,
First he makith this simylitude,
165 That, if a man withyn a regioun
Wold countrefete by false collusioun
The kynges seale, the people to begile,
What were he worthy to deye by civile?

And, semblably, who can considre wele,
170 The name of god, ordeyned to impresse,
Is the signacle of the celestial seale,
Yoven to al cristen of trowth to bere witnesse,
And, who that euer mysvsith it in falsnesse,
Holcot affermyth it, for short conclusioun,
175 That he to god doth opinly treasoun.

Who with his hand the holy booke doth towche
And to record takith cristes name,
On holy writ, I dare me wele avowche,
If he swere falsely, gretely is to blame,
180 Hande of periurye to his eternal shame;
God and his werkis he doth vtterly forsake
And to the fiend for euer he doth hym take.

In his preceptis, whiche that be devyne,
God bad man: bere no false witnesse!
185 And of oure faith to folwe the doctryne, ·
Periury is enemy to al rightwisnesse;
What man for lucre or for richesse
Wil be forsworn, by sentence of clerkis,
Falsly forsakith god and al his werkis.·

190 Who swerith by god, his hand leyd on a booke,
He causith god, auctours doth expresse,
Vnto the record of the charge he toke,
In right or wronge, in trowth or in falsenesse,
To preve his oth hym takith to wittnesse,
195 If his causyng to make his party strong,
Falsly concludith he doth to god grete wrong.

Of periurye the trespas is ful huge,
Wonder perilous in oure lordis sight,
For the jurrours first disseyvith the juge,
200 Causith his neyghburgh for to lese his right,
His conscience hurt, of grace blent the light,
As a renegat, that hath the lord forsake,
Lyke to be dampned, but he amendis make.

Isopos jurrours doth discryve,
205 Callith theym Arpies, houndes infernal,
With ravenous feete, wynged to flee blyve,
Like to Carberos, that receyvith al,
Gredy Tantalus, whos hunger is nat smal,
And be suche peple, who that takith kepe,
210 As sayth myn auctour, devoured was the shepe.

Thus false forsweryng, frawde, and extorcioun,
With false witnesse afore god be dampnable;
But if they make diew satisfaccioun,
Thynges to restore, wherof they bien culpable,
215 And for suche folkes Isopos wrote this fable,
To this intent, that I have told aforn,
What peril it is falsly to be forsworn.

Late al false jurrours have this in mynde,
Remembre at shyres and at cessiouns,
220 Who is forsworn, settith god behynde,
And puttith the fiend in ful possessioun
Of soule and body, vnder his dampcioun
Toforn his deth, but if he have repentaunce,
Or make restitucioun, or do som penaunce.

Here endith the .III. fable of Isopos, what perel it is to be fersworn
wetyngly, as was the wolf and the kyte for synguler love, that they
hadde to the hounde, and to have the sheepe ded and slayn, as jurrours
dampne þe triewe and save the false.

 191 *hs.* Auctours 199 *hs.* Iurrours; Iuge 204 *hs.* Iurrours 205 *hs.*
Infernal 215 *hs.* Iurrours.

5. Vom wolf und kranich.

In Isopos forth to procede,
Towchyng the vice of vnkyndnesse,
In this tretice a litel fable I rede
Of ingratitude, joyned to falsenesse,
5 How that a wolf of cursed frowardnesse
Was to a crane of malice, as I fynde,
For a goode tourne false, founde, and vnkynde.

The fable is this: Whan bestis euerychone
Hield a feste royal and grete solempnité,
10 There was a wolf strangled with a bone,
And constrayned by grete aduersité;
Stondyng in dispayre rekouered for to be,
For remedy plainly cowde he none,
So diepe downe impressed and entred was the bone.

15 Thurgh al the court surgyens weren sought,
If any were abidyng hem among;
At the last the Crane was forth brought,
Be cause his nekke was sklender, sharpe, and long,
To serche his throte, where the bon stoode wroug;
20 For whiche perilous and diligent occupacioun
The wolf behight hym a ful grete gwerdoun.

The bone out take by subtil diligence
Of the Crane, by craft of surgery,
The wolf al hole, by craft of his science,
25 The Cranes gwerdoun axeth and his salary.
The wolf, euer froward, his promyse gan deny,
Sayde, it suffisith, and gan to make stryf,
Oute of his mowth to scape with his lyff.

The wolf denyed, that he had behight,
30 And sought agayne hym froward occasioun;
Sayde, he had don hym grete vnright,
And hym dissayved, by false collusioun,
Whan he his bille put so lowe adown
In his throte to pike awey the bone,
35 Other gwerdoun of hym gate he none.

Cast on the Crane a ful cruel looke,
With open mowth, and gan to proche nere:

4 hs. Ingratitude, Ioyned   10 hs. abone   14 hs. Impressed   24 hs.
alhole, craf   24 So die hs., es ist aber wol zu lesen: The Crane his
gwerdoun axeth and his salary.   33 hs. Adown.

'Whan thow', quod he, 'out of my throte
The sayde bon toke, thow were in my daungere,
40 Thy sharp bek, nek, hede, and chiere,
Atwene my teth, sharp, whet, and kene,
With thy lyf parted, it is wele sene.

At late tyme thy power was but smal
Agenst me to holde werre or stryff,
45 For whiche thow art bounde in special
To thank me, that thow escapest with thy lyf
Out of jawes, sharper than file or knyf,
Stoode desolate in many a sundry wise
Strayte in the boundis ful narow of my fraunchise'.

50 And, semblably, makyng a false excuse
To pay theyr diewte vnto the poraile,
Takyng theyr service and labour to theyr vse,
Gwerdounles to make theym to travaile,
If they aught axe, tyrauntis doth theym assaile,
55 And of malice constrayne hem so for drede,
That nat so hardy of theym to axe theyr meede.

The tiraunt hath possessioun and richesse,
The pore travailith for mete, drynk, and foode,
The riche, euer redy the laborer to oppresse,
60 For his labour denyeth hym his livelode;
The lamb must suffre, the wolfes bien so wode,
A playne example, declaryng how men done,
Shewyd by the crane, that plukked awey the bone.

Prayer of princis is a comavndement,
65 The pore obeyeth, he dare non other do;
Precept of tyrauntis is so violent,
Who euer sey nay, nedis it must be so,
Have they theyr lust, they care for no mo;
The wolf made hole, and yit his froward pride
70 Suffred the crane gwerdounles to abyde.

The crane chase a surgeon to be,
To save the wolf, as ye have herd beforn,
Toke out the bon, whiche no man myght se,
Whiche thyng complisshed, his labour he hath lorn,
75 The wolf made hym blowe in a bukkes horn;
Thus it fallith by preef oft sithe,
Faire behestis makith foolis blythe.

47 *hs.* Jawes   65 *hs.* donc.

Isopos. that famous old poyte,
This fable wrote for a memorial,
80 They accorded for vnlikly and vnmete
Atwenc tirauntis and folkes that bien rural,
The pore hath litel, th' extorcioner hath al,
His body *and* his lyf the laborer evyn partith,
The riche hath al, and nothyng he departith.

85 The moralité of this tale out sowght:
The crane is like the folk, that for drede
Travailith for tirauntis, and resayvith nought,
But false rebukes for theyr final mede;
Wherfor I counseile, that this tale doth rede,
90 While that yowre hand is in the wolfis mowth,
Bourd nat to large with hym, that is vnkouth.

To play with tirauntis, I hold it no jape,
To oppresse the pore they have no conscience,
Fleeth from theyr daunger, if ye may escape,
95 Thynk on the crane, that dide his diligence
To help the wolf, but if he do recompence
His kyndenesse manyfold, I say, as I fynd,
This tale applyeng agayne folke, that bien vnkynd.

6. Von der maus und dem frosch.

By decrees of natures lawe
Paised egally the balaunce of reasoun,
Who that castith hym to dissayve his felawe,
Shal of disceyt receyve the gwerdoun.
5 Salary to fayneng is symulacioun,
Who by disceyte and frawde doth procede,
Like a defrawder resayve shal his mede.

Som reioysen hem in malice and in frawde
And couertly to hyndre theyr neyghburghs;
10 As men deserve report yevith hem her lawde;
Cloth falsly wove may kepe no coloures,
The dorre on dunghills, the be in holsom flowres,
As they receyve they bryng hom to theyr hyve,
That on doth damage, that other doth releve.

15 After theyr natural disposiciouns
In man and best is shewed experiense,
Som have to vertu theyr inclynaciouns,
Som men pesible, som doth violence,

90 *hs.* handis 92 *hs.* Iape 12 *hs.* B 17 *hs* Inclynacions.

Oon to profite, another to do offence,
20 Som man deliteth to trowth in his entent,
Another rejoysith for to be frawdelent.

Who that meaneth treaso*un* or falsenesse
With a pretens outward of frendlyhed*e*,
Face countrefeted of fayned false gladnesse,
25 Of al enemyes such on is to drede;
Wherfor Isopos to purpos, as I rede,
Tellith, how a frossh, ful contrarious,
Double of intent, dissayved hath the mows.

Of this fable the processe for to telle:
30 The frossh of custom abode at the revere,
The mowse also soio*ur*ned at the melle,
That stoode beside, ferre from al daungier*e*;
And on a morn, whan Phebus shone ful cliere,
So as the frossh passed ther beside,
35 The mowse besought hym goodely to abide.

After lad hym vp to the mylle alofte,
Shewed hym the hoper and the mylleston,
And on a cornesakk made hym to sitte softe,
And sayde, he shuld to dyner go anon,
40 Layde aforn hym of dyu*er*s graynes manyon;
Thus of jentilnes the mowse shewed hym grete favoure,
The seconde corse he brought in mele and flowre.

'Se', quod the mowse, 'this is a mery liff,
Here is my lordship and domynacioun,
45 I live here esily out of noyse and stryff,
This is al hooly vnder my possessioun,
In suffisaunce is my condicioun,
As I have appetite to dyne late or soone,
For gybbe, the cat, hath here nothyng to done.

50 As me semyth, I am right wele eased,
Better is quyet than trouble with richesse;
A pore man that is with litel pleased,
Labourith triewly, menyth no falsenesse,
And is sequestred from al worldly riches*se*,
55 He may at nyght be many sundry brefis,
Merily slepe for any fere of thefis.

Blessid be pou*er*t, that causith a swraunce,
Namly, whan gladnesse doth his bridel lede,

33 *hs.* phebus   41 *hs.* Ientilnes   57 *hs.* aswraunce.

What that god sendith, it is theyr plesaunce,
60 Thankith the lord and grucchith for no nede,
As he fyndith, theron he doth hym fede.
Thus am I content here in myn household,
As wele as Cresus was with al his riche gold.

Tresoure of Mydas medled was with drede,
65 Brak his slepes, reft hym his liberté;
The pore man slepith fereles, takith non hede,
Who ridith or goth, his gates open be.
And, I suppose, no man is more fre,
Nor more asswerd, to myn oppynioun,
70 Than glad pouert with smal possessioun.

Salamon writeth, how it is better behalf
A smal morsel of brede with joy and rejoysyng,
Than at festis to have a rosted calf
With hevy chiere and froward grucchyng.
75 Nature is content with ful litel thyng,
As men sayne, and report at the beste,
Nat many deyntes, but goode chiere makith a feste.

Where a tyraunt hath power none, nor myght,
There is sure abidyng vnto the poraile;
80 Dyogenes was with his tonne of light
As riche, as Alisaunder with his apparaile.
Thus this litel melle fyndith me my vitaile,
I have therin as grete a joye,
As euer had Priamus of his towne of Troye.

85 The pore man as myrry in his cotage,
As is the marchaunt in his stuffed house,
The plowman glad with bacon and potage,
As princis with delicatis in theyr paleys gloriouse,
And though, that I be but a litel mowse,
90 There is no lord mo castels hath to kepe,
Than I have hiernes and hoolis in to crepe.

Abyde alnyght with me in this mylle,
That we togydre may have oure daliaunce;
Of grayne and mele thow shalt have thi fille;
95 Whan friendis meete, it is joye and plesaunce,
At evyn to souper we shul have a pitaunce,
And whan Aurora doth to morwe appere,
Or we departe, we shal dyne in feere'.

72 hs. Ioy   83 hs. Ioye   84 hs. priamus   89 hs. thougt   93 hs.
to gydre   95 hs. It is Ioye.

The frossh answerd and gan his tale to telle:
100 'I have had here plente of goode vitaile,
But of fressh licour this is a bareyn melle.
I praise no feste, where goode drynk doth faile,
What is worth al the straunge apparaile
Of dyners metis to mannes lust,
105 Whan after mete gestis gon awey athurst?

Goode drynk at festis makith al the chiere,
Wele sesoned mete requirith drynk suffisaunce.
Here fast by is a brode rivere,
Whiche of fressh water hath al habaundaunce;
110 Bachus and Thetus, because of plesaunce,
And to discord the sentence of my thought,
Where these .II. faile, I say, the fest is nough'.

They passed forth by a grene mede;
The siluer dew toward mornyng
115 Hath of the mowse wet so the wede,
That he hath lost his power and rennyng,
Thus were these wormes contrary of livyng:
The frossh desirith to abide in mory lakis,
The mowse to feede hym on cheese and tendre cakis

120 The mowse was wery with the frossh to abide,
But the frossh with a false feyneng chiere
Sayde to the mowse: 'Yonder on that other side
Is myn abidyng vpon the water cliere,
Late vs go swymmen ouer the ryvere,
125 And, like as I have vnto the told,
Thow shalt abyde and se ther myn household.

The mowse answerd, quakyng in his drede:
'I have of swymmyng none experience'.
'No', quod the frossh, 'I shal tey a threde
130 Aboute thi nekke, by grete diligence,
That other end shal for thi defence
At my legge be knyt fast behynde,
Ouer the brooke passage for to fynde'.

Thus gan the frossh covertly to fayne,
135 Of false frawde the litel mowse to drowne,
The frosshe by swymmyng dide his besy payne,
To make the mowse lowe to plunge adowne
Forth goth the frossh, the mowse for feere gan swoune,

108 *hs.* abrode.

And iu this while a kyte, or they toke heede,
140 Raught hem both vp, hangyng by the threede.

Fatte was the frossh, the mowse sklendre and leene,
The frosshe devoured, because of his fatnesse,
The threde to brak, the mowse fille on the grene,
From deth he skapid; the frossh for his falsenesse
145 Gwerdoun receyvith for his vnkyndnesse.
For this conclusioun, clerkis put in mynd,
That lawe and nature playne of folkis vnkynd.

Of vices al, shortly to conclude,
There is no vice so parilous of reasoun,
150 As is the vice of ingratitude,
For it is worse than pestilenco or poysoun,
And more to be dradde, me semyth of reasoun,
Preservatifs are made for pestilence,
But ageyn frawde may be no diffence.

155   In this fable, for an examplary
For tho parties in pure innocence,
The mowse is symple and nat contrary,
Where the frosshe by frawde aud violence,
Vnder colour of friendly diligence,
160 Was euer besy his felaw to encloye,
The cawse out sowght he dide hym self distroye.

To a disseyvour be right, as it is founde,
Kynde requyrith in folkes frawdelent,
Where frawde is vsed, frawde mote rebounde,
165 Gwerdoun for frawde most convenyent,
For whiche Isopos to this fynal intent,
This fable wrote, ful shortly in his wytt,
Who vsith frawde, with frawde shal be qwytt.

Here endith the .V. fable of Isopos, discernyng the myschief that the
frossh for his ingratitude shewed to the mawse.

7. Die Sonne will heiraten.

Agayne the vice also of tirannye
In oo countray or in on regioun,
Oon is to mekil, poetis specifye,
To wast and spoyle bi false extorcioun,
5 For whiche Isopos makith mencyoun,
Vnto purpos bryngith in *a* fabil,
To be rehersed moral and notabil.

The tale is this, convynable and mete,
The moralité remembrid in sentence:
10 First in Cancro, whan Phebus takith his hete,
Inportable ful ofte is his fervence,
That som while the presynge violence
Of his beames oft, or men take heede,
The soyle consumyth of herbe, grayne, and seede.

15   In somer seasoun, whan Phebus shadde his streames,
The orisont clierly to enlumyne,
It so byfelle, that with his fervent beames
On Tellus lordship brent vp braunche and vyne,
Til a false lust his corage dide inclyne,
20 Causyng hym to fal in dotage,
To wedde a wif, born of hie parage.

But for to procede for the comowne availe,
He hath his lettres and briefs sent
To goddis *and* goddessis, beyng of his counsaile,
25 Of erthe, of see, and of the firmament,
And Saturne ther to be present
With parchas sustren, that in the nombre thre
Ben callid of poetis spynners of destyné.

In this matier was grete contrauersye
30 Atwene the goddes and goddesses of grete prise,
Towchyng the mariage and this straunge allye,
Whether they shal holde to shewe theyr devise,
Til it fel, that a philosophre wise,
Called Theofrast, a man ronne ferre in age,
35 Gaf sentence as towchyng this mariage.

Joyned with hym, to gyve jugement
Of this alliaunce in especial,
Were assigned by al the hole perlement
The romayn poete Cocus Marcial,
40 Cloto, Lachesis, that spynne the threde smal,
And Autropos, withouten difference,
To gyve hereon a diffinytif sentence.

Among these owmperis was werre none, ne stryf,
But concludyd to accord albeyng of assent,
45 That, if so be, that Phebus take a wyf,
And procreacioun be vnto hym sent,
By his lynage th' erth shuld be brent,

10, 15 *hs.* phebus   17 *hs.* by felle   36 *hs.* Iugement   39 *hs.* Cocus?
45 *hs.* phebus.

This is to sayne, that no erthely creature
Hete of .II. sinnes may nowhile endure.

50   Thus concludyng it doth inow sufficc
Vnto heven oo sunne to shyne bright,
Twey sinnes were like in many wise
To brenne al the erth, by fervence of theyr myght,
And, semblably, who so looke aright,
55 O myghti tiraunt suffisith in a shyre
Al the countrey for to sette a fuyre.

If he have eyres for to succede,
Folowe theyr fader in successioun
By tirauntry, than are they more to drede
60 In theyr ravyne and extorcioun,
By theyr counseil and false convencioun;
For multitude of robbers, where they gon,
Doth more damage, sothly, than doth oon.

Men may at the ie se a pref
65 Of this matere, old and yong of age,
Lasse is to drede the malice of oo thief,
So sayne marchauntis, ridyng in theyr viage,
But, wher many on awaytith on the passage,
Ther stondith the parell, as it is often sene,
70 By whiche example ye wote, what I mene.

Oon ageyn oon may make resistence,
Oon ageyn many the conquest is vnkowth.
Nombre of tirauntis thurgh theyr violence
Pursweth the pore, both est and sowth;
75 Gredy wolfis, that comyn with open mowth,
Vpon a folde theyr nature can declare
By experience, whether they wil hurt or spare.

By example of Phebus, as to fore is previd
By an vnkowth moral forliknesse,
80 Whervpon this fable was contryved
By Isopos of grete advisenesse,
Plainly to shewe and opinly to expresse,
If oo tiraunt the people may constrayne,
Than the malice is worse and damagith more of twayne.

Here endith the .VI. fable of Isopos, disclosyng what hurtor hyndryng
tirauntis done, where they may have power.

50 *hs.* Inow   60 *hs.* Extorcioun   64 *hs.* Io   67 *hs.* Marchauntis
73 *hs.* Tirauntis   74 *hs.* Est   78 *hs.* phebus as to fore.

8. Vom hund und schatten.

An old proverbe hath be sayde and shal
Towchyng the vice of gredy covetise,
Who al coveiteth, oft he lesith al;
Whervpon Isopos doth devise
5 A moral fabul, rehersyng in this wise,
How a grete hownd ouer a brigge sqnare,
A large chese in his mowth he bare.

Castyng his looke downe to the revere,
By apparence of false illusioun,
10 As he dempt, a cheese ther did appere,
And was nat ellis, but the refleccioun
Of the cheese in his possessioun,
Whiche to cacche, whan he did his peyne
Openyng his mowth, he lost both tweyne.

15 By whiche example men may conseyve and leere,
Be experience proved in many a place,
Who al coveyteth, faileth al in feere;
For oo man alone may nat al purchace,
Nor in his armes al the world embrace;
20 A man is best with goode gouernaunce,
To them that bien content with litel suffisaunce.

Ther is no man, that livith more at ease,
Than he, that can with litel be content;
Incontrary, he stondith euer in disease,
25 That in his hert with covetise is blent.
With suche false desires many a man is shent,
Like as the hownd, nat content with oo chese,
But desired tweyne, and both he dide leese.

Here endith the .VII. fable of Isopos, declaryng, what damage folwith
on covetise.

22 *hs.* noman   26 *hs.* aman.